SARI ZEYBEK

Can DÜNDAR

Sarı Zeybek/Tarih Dizisi

1. Baskı: Kasım 1994
ISBN 975-506-173-8

Yazan: Can DÜNDAR
Yöneten: Yalvaç URAL
Sorumlu Müdür: Hikmet ALTINKAYNAK
Kapak Düzeni: Ertan GÖKEMRE
Düzelti: Süleyman GÜL
Dizgi: Hayriye KAYMAZ

Basıldığı Yer: Milliyet Yayın A.Ş.
Doğan Medya Center 34554 Bağcılar-İSTANBUL
Tel: 0.212.505 61 11 Fax: 0.212.505 61 31

Can Dündar

SARI ZEYBEK

Atatürk'ün Son 300 Günü

Milliyet YAYINLARI

Dilek'e...

ÖNSÖZ

"Sarı Zeybek" bir fikir olarak 80'lerin sonunda Savarona'da doğdu. Bu güzelim yat, Atatürk öldükten sonra bir yangın atlatmış ve sonra kaderine terkedilmişti. Yıllar yılı devlet, Atatürk'ün yatına bakmak için ödenek ayıramamış, sonunda bir işadamı yatın restorasyonuna turistik amaçla talip olmuştu.

Savarona'yı o harap haliyle gezerken içim sızladı. Bakım sonrası, içinde bir tarihin kol gezdiği kamaralarında Arap şeyhlerinin âlem düzenleyeceğini düşündüğümde üzüntüm bir kat daha arttı.

Savarona'nın öyküsünün ayrıntılarına girdikçe, orada yepyeni bir Atatürk'le karşılaştım. Bize pek anlatmadıkları, öğretmedikleri bir Atatürk'tü bu... Okulda anlatılanlar kadar güçlü ve heybetli değildi belki ama sıcak ve yakındı. Hasta yatağında doktorlara küçük yalanlar söyleyecek kadar muzip, korumalarını atlatıp, Saray'dan kaçarak sahil meyhanelerinde horon tepecek kadar yalnız, hayatını ortaya koyup, yurt gezisine çıkacak kadar gözüpek, ölüm döşeğinde nutuk dikte ettirecek kadar güçlü, Ankara'ya Başkentine gidemeyince ağlayacak kadar insandı.

Bizim gibiydi.

Ama araştırmayı derinleştirdikçe farkettim ki, O Atatürk'e ilişkin ne varsa adeta üstü örtülmüştü. Ortalık hamaset yüklü klişe yayınlardan geçilmezken, O'nun insancıl yönlerini anlatan kitapların son baskı tarihi neredeyse benim doğumumdan önceydi. Ölümü üzerine ciddi bir tıbbi araştırma yok gibiydi. Müzelerde, 30'ları yaşamış yaşlı kuşak emekli olduktan sonra, O'na ait bilgiler de adeta yokolmuş, genç kuşak müzecilere sadece rivayetler ve hatıralar kalmıştı. Çocukluğumuza, gençliğimize, hayatımıza damgasını vuran adamla adeta hiç tanışmamış gibiydik.

Kütüphaneye girince O'na ilişkin renkli ayrıntılar birer ikişer döküldü tozlu ciltlerin satır aralarından... O'nun makyaj yapıp gittiği son balodan, kabus gecelerinde gördüğü ilginç rüyalara, Paris'ten gönderilen golf çorapları ve boyunbağından, yakın çevresinin O'na aşk derecesinde bağlılığına kadar yüzlerce ipucu çıkıverdi eski baskı hatıratlardan...

Okudukça, O'na ait eski bilgilerimin daha bir yerine oturduğunu, biraz daha ete kemiğe büründüğünü hissettim.

Ve bu hisleri başkalarıyla da paylaşmak istedim.

Bu kitapta yaptığım şey; yıllar önce basılıp, birer tarih parçası olmuş o eski anıları, tutanakları, günlükleri biraraya getirmekten ibarettir...

Bu küçük parçalarla örülen mozaiğin tümüne baktığınızda ortaya çıkan Atatürk'ü sizin de benim kadar seveceğinizden eminim.

* * *

"Sarı Zeybek"in hazırlığı sırasında bana destek olan bir dizi insana şükran borcum var:

Öncelikle belgeseli izleyip faksla, mektupla, telefonla kutlayan, öven, omuz veren dostlara sonsuz teşekkür ediyorum.

Savarona yatının, Yalova Terminali'nin ve Dolmabahçe Sarayı'nın yetkilileri araştırma aşamasında yardımlarını esirgemediler.

Meclis Kütüphanesi'nin değerli şefi Ali Rıza Cihan sabrıyla, Hakan Velidedeoğlu da titizliğiyle çalışmaya destek oldular.

Sema(Yıldız) günlerce göznuru dökerek "Sarı Zeybek"in dizilmesine yardım etti.

Nazan (Değiş) her başımız sıkıştığında yardıma koştu.

Kitabın içindeki bazı fotoğraf ve bilgileri Cumhurbaşkanlığı Genel Sekreteri Hasan Rıza Soyak'ın oğlu Enver Soyak'tan aldım. Çoğu ise, artık bir "arşiv uzmanı"na dönüşen Bülent (Özkam)'ın yardımlarıyla bulundu. Özge (Sevgilier), çalışmanın başından sonuna temel direği oldu. Büyük bir özveriyle çalışarak bu zorlu işin altından başarıyla kalktı.

Mehmet Ali Birand'ın her aşamada büyük yardım ve desteğini gördüm.

Son olarak eşim Dilek'e teşekkür borçluyum: Başta beni cesaretlendirdiği, metnimi gözyaşlarıyla onayladığı, uykusuz uzun gecelere göğüs gerdiği için...

Sabrı ve sevgisi için...

Can Dündar
Ekim 1994/Ankara

"Bu belgeselde Atatürk'ün son 300 gününe tanıklık etmiş kişilerin yazdıkları ya da anlattıkları anılardan yararlanılmıştır".

"Bütün maddi, manevi varlığında bir göçüş hali seziyorduk. Atatürk, sonsuz ölüm ülkesinin eşiğinde idi. O'nun bir dönülmez yolda bizden uzaklaştığını yana yakıla anlıyorduk".

O'NU ÖZLÜYORUM...

ASLINDA O'NU HİÇ GÖRMEDİM.
YÜZ YÜZE GELMEDİM.

AMA O'NU TANIYORUM.

SESİNİ CIZIRTILI BANTLARDAN DİNLEDİM.
HEP SİYAH BEYAZ FİLMLERDE GÖRDÜM YÜZÜNÜ
ÇELİK BAKIŞLARINI ŞİİRLERDE OKUDUM.

O'NU YAŞIYORUM.

ÖZLÜ SÖZLERİNİ OKUDUM KÖŞEBAŞLARINDA
ADINI HER SABAH OKUL SIRALARINDA ANDIM.

ŞİMDİ 55 YIL SONRA
O'NUNLA SON YOLCULUĞA ÇIKIYORUM
BİR KEZ DAHA...
O'NUN GEÇTİĞİ YOLLARDAN GEÇİYORUM.
YOLLARDA BIRAKTIĞI ANILARIN İZİNİ SÜRÜYORUM.
ÇEKTİĞİ ACILARI RUHUMDA TAŞIYORUM.

O'NU ARIYORUM.

İlk kriz. 11 Kasım 1923 günü eşi Latife Hanım'la birlikte Çankaya'da öğle yemeğindelerdi. Sofra başında birden eli kalbine gitmiş ve sol kolunun dirseğinden göğsüne vuran şiddetli bir sancıyla kıvranmıştı.

11 KASIM 1923

Ölümle ilk randevu

Hastaydı. Üstelik, hastalığı Cumhuriyet'le yaşıttı. İlk belirtiler 15 yıl öncesinden başlamıştı. Cumhurbaşkanı seçilmesinden hemen 10 gün sonra gelmişti ilk kriz. 11 Kasım 1923 günü eşi Latife Hanım'la birlikte Çankaya'da öğle yemeğindelerdi. Sofra başında birden eli kalbine gitmiş ve sol kolunun dirseğinden göğsüne vuran şiddetli bir sancıyla kıvranmıştı. Neyse ki sofrada, o günlerde ağır bir zatürree geçirmekte olan Latife Hanım'ı tedavi için Köşk'e gelen Doktor Refik Saydam vardı. Saydam, hemen Latife Hanım için yanında getirdiği kalbi kuvvetlendirici ilaçları hazırladı. Ata'ya derhal bir morfin iğnesi yaptı ve yatışmasını sağladı. Ağrı tam 20 dakika sürmüş ve Ata'ya epey ter döktürmüş, hayli sıkıntı vermişti.

Ama bitmedi.

İki gün sonra yine bir öğle yemeğinin ardından Köşk'ün bahçesinde gezinirken aynı ağrı yeniden yüklendi. Aniden rengi sarardı ve ter bastı. Yanındakiler telaşlanınca yakın bir kayanın üzerine çöktü ve "Çocuklar, bana bir fenalık geldi" dedi. Bu kez sancı daha hafifti ve daha kısa sürdü. Yaverler koşuştururken Ata doğruldu ve "Merak etmeyin, geçti, bir şeyim kalmadı" dedi.

Ancak üst üste gelen bu iki kriz Köşk'tekileri endişelendirmeye yetmişti. Derhal İstanbul'dan kalp mütehassısı Neşet Ömer (İrdelp) Bey çağrıldı. İrdelp, Ata'yı ilk muayenesinde kalbinin çok çalışmaktan yorgun düştüğünü saptadı. Alkol, tütün ve kahveyi azaltmasını ve bir süre dinlenmesini tavsiye etti. Hava değişimi için Akdeniz sahillerinde bir tatil önerdi.

İrdelp İstanbul'a dönerken Ata'nın hasta olduğu haberi de bir anda virüs gibi yayılmıştı. Muhalif İkdam gazetesi hemen söylentileri haber yapmış ve Hükümetten açıklama istemişti. Beklenen açıklamayı 17 Kasım günü Haydarpaşa'ya inen Doktor İldelp yaptı:

"Gazi Paşa, fazla mesaiden dolayı biraz yorgunluk belirtileri göstermişlerdir, ancak kısa bir istirahatten sonra sağlık durumları normale dönmüştür" dedi.

Kamuoyu bu açıklamayla rahatladı. Ama O'nu yakından tanıyanlar tatmin olmadılar. Çünkü kalbin dinlenmesi için kesin istirahat ve perhiz gerekiyordu. Oysa Ata'ya bunları yaptırmak her babayiğidin harcı değildi. Doktorlar, söz geçiremeyeceklerini anlayınca bu işi Latife Hanım'a havale ettiler. Latife Hanım, Köşk'ün hizmetçilerine kesin talimat vererek kahve servisine ambargo koydu. Sigarayı ise 10'la sınırladı. Gazi'nin tabakasına her sabah 10 sigara koyuyor ve bununla yetinmesini rica ediyordu. Fakat O, ne yapıp yapmış, muzip bir çocuk gibi Köşk'teki hizmetçilerden birini kandırıp, kendisi için yaptırılan özel sigaralardan yüzlük birkaç paket getirterek, "zulalamıştı". "Zula"sı, her öğleden sonra düzenli olarak gittiği İstasyon'daki Özel Kalem binasının üst katındaki çalışma odasındaydı. Sigaraları oradaki masanın çekmecesinde saklıyordu.

Ama bir gün, "zula"dan tabakaya aktarma yaparken genel sekreteri Hasan Rıza Soyak'a yakalandı.

HASAN RIZA SOYAK
GENEL SEKRETERİ

"Salona girdiğim zaman bu paketlerden biri, açık olarak masanın üzerinde duruyordu. Beni görünce paketi orada unuttuğunun farkına varmış, utanır gibi olmuştu. Paketi telaşla aldı, çekmeceye koyup bana tebessüm etti ve 'Misafirlere veririm diye getirmiştim de' dedi. Anladım ki, bu konuda da hem doktorların tavsiyeleri, hem de eşinin titiz önlemleri boşa gitmişti. O, bir yolunu bulmuş,

yine istediği kadar sigara ve kahve içmeye devam etmişti. Tabii bu arada devlet işleriyle uğraşmaktan ve Meclis'e devam ederek önemli görüşmelerde bulunmaktan da geri kalmıyordu. Yani geçirdiği krizden epeyce sarsılmış olmasına rağmen yine eski yaşayış tarzına ve faal hayatına dönmüş bulunuyordu."

Sonunda Ankara'da Mustafa Kemal'e hakim olunamayacağı anlaşılınca, yakınları bir İzmir seyahati tavsiye ettiler. Latife Hanım'ın da hava değişimine ihtiyaç duyması üzerine Atatürk bu öneriyi kabul etti ve yılın son günü yanına eşini alarak İzmir'in yolunu tuttu.

Latife Hanım'ın Göztepe'deki köşkünde 50 günlük bir dinlenme sonunda Gazi, iyileşmiş olarak Ankara'ya geri döndü. Ve yeniden işe koyuldu. Oysa atlatıldı sanılan bu ilk kriz O'nun ölümle ilk randevusuydu.

İkincisi 3,5 yıl sonra geldi.

O günlerde kafası sürekli Nutuk'la meşguldü. Bu büyük eser için saatler boyu çalışıyor, bazen 30 saat aralıksız yazdığı oluyordu.

22 MAYIS 1927

"O bunakların raporuyla mı hareket edeceğim?"

Kriz, bu kez Ata'yı gece, yatağında yakaladı. 22 Mayıs gecesi, sol kolunda ve göğsünde şiddetli bir ağrı ile uyandı. Terlemişti. Midesi bulanıyordu. Hemen Doktor Refik (Saydam) ve Sağlık Bakanlığı Sağlık Koruma Genel Müdürü Doktor Asım İsmail (Arar) yetiştiler. İstanbul'dan da Profesör Neşet Ömer (İrdelp) çağrıldı. Tansiyonu ölçüldü ; büyük 14, küçük 9'du. Muayeneler yine aynı sonucu verdi: Yorgunluk...

O günlerde kafası sürekli Nutuk'la meşguldü. Bu büyük eser için saatler boyu çalışıyor, bazen 30 saat aralıksız yazdığı oluyordu. O geceki kriz atlatıldıktan birkaç gün sonra bir akşamüstü, yaverler Köşk'teki kuleli salondan gelen bir çığlıkla irkildiler. Bağıran Atatürk'tü. Göğsüne ve sol koluna yine şiddetli bir ağrı saplanmıştı: "Bu ağrıyı buradan çekin" diye bağırıyordu. Yine doktorlar çağrıldı. Ata'ya birer santigram morfin şırınga edildi. Her türlü çalışma, alkol ve sigara yasaklandı. Bol bol süt içip, sebze yemesi ve istirahat etmesi tavsiye edildi. Neşet Ömer Bey'in teşhisi yine aynıydı: "Fazla yorgunluktan doğan bir asabiyet hali..."

Bu kez Hükümet duruma el koyma gereği duydu. Teşhisten emin olmak için dışardan hekim getirtilecekti. Konu, Atatürk'ün doktoru Neşet Ömer Bey'e açıldı. Profesör, itiraz etmedi. Hafif kırgın, "Gelsinler" dedi, "benim koyduğum teşhisten bir kelime fazlasını söylerlerse, diplomamı yırtar, kendimi hekimlikten menederim".

Gazi'nin de onayı alınarak durum Berlin'deki Türk Büyükelçiliği'ne bildirildi. Doktor Asım İsmail Bey'in yanında asistan olarak çalıştığı Berlin Tıp Fakültesi 2. Dahiliye Kliniği eski Direktörü Profesör Kraus ile O'nun hocası olan Münih Tıp Fakültesi Dahiliye Kliniği Direktörü Profesör Von Romberg Türkiye'ye davet edildiler. Avrupa'da bütün hükümdarların ve ailelerinin sağlık problemlerinde göreve koşan ve yıllar önce bir kez Sultan Reşad'ın bir hastalığı sırasında İstanbul'a da gelmiş olan iki profesör, Gazi'ye bakmak için yol paraları hariç 10'ar bin lira istediler. İstekleri kabul edildi ve 6 Haziran 1927 günü Ankara'ya getirtildiler. İki doktor, önce hastanın durumuna ilişkin ayrıntılı bir rapor aldılar:

"Hasta 46 yaşındaydı. Babası genç yaşta had bir hastalıktan ölmüştü. Annesini ise 65 yaşında kalp yetmezliğinden kaybetmişti. Sağlam bir bünyesi olmasına karşın çok sigara ve içki içiyor ve çok çalışıyordu".

İki Alman doktor, uzun muayenelerden sonra Gazi'nin çok sigara içmekten dolayı bir göğüs anjini geçirmiş olduğu teşhisine vardılar. Alkol ve tütünün çok azaltılmasını ve Gazi'nin yorulmamasını tavsiye ettiler. Bunlar, doktor Neşet Ömer Bey'in tavsiyelerinin aynıydı. Ankara'da 4 gün kalan Alman uzmanlar ayrılırken, son bir kez Köşk'e çıktılar. Gazi ikisine de iltifat etti. Öğütlerini tutacağına söz verdi. Ama yanındakiler, Gazi'nin gözlerindeki o müstehzi ifadeyi farkettiler.

Doktorlar çıkınca Ata, bir sigara yaktı, bir de kahve söyledi. Sigarasızlıktan başı ağrımaya başlamıştı. Genel Sekreteri Hasan Rıza Soyak, "Ama doktorların raporu..." diyecek oldu. Gazi, alaycı bir edayla güldü:

"Aman efendim, ben o bunakların raporuyla mı hareket edeceğim..."

Vee eski yaşam tarzına geri döndü...

Kalbinin sapasağlam olduğundan artık emindi.

Zaten hastalık yanlış yerde aranıyordu.

İçki kalbini değil, karaciğerini eziyordu....

1936 SONU

"Yalnızım çocuk, bunalıyorum..."

Aradan 10 yıl geçti. 10 koca yıl... Neler sığmadı ki o 10 yıla?... Yeni bir cumhuriyetin doğuş sancıları, yerleştirilmeye çalışılan büyük reformlar, çok partili demokrasi denemeleri, bir "örnek evlilik"in hazin bir finalle yıkılışı...

Yorulmuştu. Artık 55 yaşındaydı ve güçsüz bedeni tüm bu savruluşlarla iyiden iyiye yıpranmış durumdaydı. Köşküne kapanmış, kendini dil ve tarih çalışmalarına vermişti.

Falih Rıfkı Atay Cumhuriyet'in 10. yılını coşkuyla kutlamaya hazırlandıkları günlerde Gazi'nin, "Bana gelince... ben hiçbir şey hissetmiyorum" dediğini anlatır ve ekler: "Çankaya Köşkü'nde yapacak bir iş bulamadığı için iç sıkıntısına tutulduğu vakit, kendisini cangıldan alınarak kafese konmuş bir aslana benzetirdim".

O şimdi dünya çapında bir lider ve yepyeni bir ülkenin tek hakimiydi ama "küçük" bir sorunu vardı:

Yalnızdı...

Günün birinde Genel Sekreteri Hasan Rıza Soyak'a şöyle içini döktü:

HASAN RIZA SOYAK
GENEL SEKRETERİ

"Bunalıyorum çocuk, bunalıyorum.... Ben burada bir nevi mahpus hayatı yaşıyorum. Çünkü gündüzleri ekseriye yalnızım. Herkes

işinde gücünde... Benim ise çoğu günler, bütün günümü değil, bir saatimi dahi dolduracak işim yok. Şu halde ya uyuyabilirsem uyuyacağım, yahut bir şeyler yazacağım. Arada biraz dinlenmek ve hava almak ihtiyacını duyarsam şehir içinde ve dışında ancak otomobiller ile gezintiler yapacağım. Ya sonra? Sonra gene bu hapishaneye döneceğim. Ve kendi kendime bilardo oynayıp, sofra zamanını bekleyeceğim. Bari sofrada bir değişiklik olsa... Ne gezer... Bu sofra nerede kurulursa kurulsun karşımda aşağı yukarı hep aynı insanlar... aynı yüzler... Hasılı bıktım, usandım çocuk..."

Lord Kinross, bu bıkkınlık veren bunaltıcı günlerden birinde Gazi'nin yaptığı bir muzip kaçamağı nakleder. İstanbul'da bir yaz günü Dolmabahçe'nin kasvetinden sıkılmış ve dışarının deli dolu çağrısını duymuştur. Lakin geziye çıksa peşinde sayısız araç, yanında sayısız korumayla ancak arabasının camından görebilecektir dünyayı... Düşünür ve kaçmaya karar verir... Hiç kimseye haber vermez. Sofradan "Bu gece erken yatacağım" diyerek kalkar. Nöbetçilerini ve korumalarını atlatır ve saraydan gizlice kaçıverir. Korumaları nice sonra farkederler Gazi'nin yokluğunu... İstanbul didik didik aranır. Sonunda Gazi, Boğaz'da bir Rum meyhanesinde bulunur. Trabzonlu bir gemici kemençe çalarken, O balıkçılarla kolkola horon tepmektedir. İçeri giren zevatı görünce oyuncağı elinden alınmış bir çocuk edasıyla "Yakalandık" diye söylenir.

Alıp, saraya götürürler...

Yakın çevresinden aktarılan çoğu hatırada bu "yalnızlık" motifi öne çıkar. "Kafesteki aslan"ı "aslan sütü"ne iten nedenlerden biri de belki budur. Doktoru Mim Kemal Öke bir gün sofrada içkisine müdahale etmeye kalkınca aldığı yanıtı yakınlarına şöyle aktarmıştır:

"Bir daha söyleme Kemal... Sen benim ne kadar yalnız olduğumu biliyor musun?.."

PROF. DR. HERBERT MELZIG
YAZAR
"Sofra başındayken ve içerken kendini daha iyi hissediyordu. Asıl şahsiyeti ve iç alemi o zaman beliriyordu. İçmeden önce sakin, iddiasız, hatta mahçup bir insanken içkisini aldıktan sonra bambaşka bir insan oluyordu."

Sofra O'nun için bir zevk miydi? Tatmin mi? Kaçış mı?

Belki hepsi... Falih Rıfkı'nın dediği gibi, "Sanki artık gitmeyen, gitmek istemeyen bir şeyi, eğilmez, bükülmez iradesi ile kendi içinden kendisi itiyordu. Kalıp, O'nun eşsiz hayatiyetini kaplayıp tutamıyordu. Nitekim kendisi de bir gün Genel Sekreteri Hasan Rıza Soyak'a neden içtiğini şöyle açıklamıştı:

"İçiyorum. Çünkü bu vücut artık bu kafayı taşımıyor. Kafam vücudumun çok önünde gidiyor. Beynimi huzura kavuşturmak, biraz dinlendirmek için içiyorum".

Ancak bu dinlenme pek de mümkün olmuyordu. Çünkü Atatürk'ün sofrası, sadece yemek yenen ve içki içilen yer değildi.

Sofra bir "Bilgeler Meclisi" ya da bir "Danışma Kurulu"ydu adeta... Ülkenin her meselesi orada gündeme gelir, devlet adamları, düşünce adamları sabahlara dek süren tartışmalar yaparlardı. Sofra, bir sınavın adıydı 1930'lar Ankara'sında...

FALİH RIFKI ATAY
YAZAR
"Sofrada iken tebeşirli kara tahta daima karşısında idi. Bakanlar, profesörler, milletvekilleri hep o tahtaya kalkmışızdır. Türk dili ve Türk tarihi meselelerinin O'nun sofrasında tam bir fakültelik zaman tutmuş olduğunu tahmin ediyorum. Ondan başka hepimiz yorulur, doğrusu biraz da usanırdık. İş başından artan ömrü sofrada geçmiştir. Sofra, dostları ile, hatta düşmanları ile sohbet ve tartışma meclisi idi. Atatürk, hayallerini, tasarılarını, ıstıraplarını, hatıralarını hep sofrasında anlatmıştır. Selanik'te askeri dehasını tanıtan tatbikat oyunlarına sofrasından kalkarak gittiği gibi, her

devrim gününün başlangıcı da bir sofra sabahı idi. Eğlence alemi (ve Ata'nın) aşıp taştığı yer de yine sofra meclisi olmuştur. Bu, ne zaman bir zevk ve eğlence, ne zaman büyük taarruzu hazırlayan bir kumanda heyeti ve ne zaman en çetin devlet işlerini karara bağlayan bir topluluktu, tahmin edemezdik. Fakat misafirlerinin çeşidine göre az çok hangisine hazırlanacağımızı bilirdik. Bazen bir meseleyi daha fazla deşmeye misafir çeşidi elverişli olmadığı zaman 'Galiba yorulduk' der, meclise son verir, vedalaşmak üzere elini sıkanlardan birtakımına 'Teşekkür ederim' derken birtakımına da usulca 'Siz biraz daha kalınız' derdi. Nice sırlarını yıllarca vicdanı içinde tutan Atatürk'ün ağzından kaçırmışa benzeyen 'gevezelik'lerin yüzde 90'ı hesaplı ve tertipli idi. Bir vazifede kullanacağı adamları hiç söylemeksizin, hissettirmeksizin, içki aleminin pek elverişli olduğu türlü yönlerden yoklardı".

ŞEVKET SÜREYYA AYDEMİR
YAZAR

"Sofrayı, sohbeti, içmeyi elbette ki severdi. Etrafındakilerin de içmelerini isterdi. İçkiye çok genç yaşlarda alışmıştı. İçki alışkanlığını da kimseden saklamadı. Çünkü riyakar (iki yüzlü) değildi. Sofra adamı olmasaydı, aynı zamanda çalışkan, takipci bir büro ve hükümet adamı olsaydı daha mı iyi olurdu? Belki... Ama her insanı olduğu gibi almalıdır".

Atatürk'ün sofrası genellikle sabahın ilk ışıklarıyla son bulurdu. Gazi, konuklarını birer ikişer uğurladıktan sonra çoğu zaman yüzünü yıkar, tıraş olur ve yeni güne başlardı. Vücutça ve kafaca güçlülüğü O'nun en tanınan özelliklerinden biriydi. 10. yıl nutkunu yazdırırken kaç gece sabahladığı ve O dimdik ayaktayken metni dikte ettirdiği gençlerin nasıl uyku için nöbet değiştirdikleri hâlâ anlatılır. Oysa O, uykusuz başladığı günün akşamında yine bir duş alıp sofraya oturmuş ve dostlarına sabaha kadar yazdığı bölümleri okumuştur. Başladığı bir kitabı bitirmeden uyumadığı ve içtikçe adeta hafızasının açıldığı, en yakınındakilerin aktardığı izlenimler arasındadır.

Tabii bunlar hep 30'lu yılların ilk yarısına ait anılardı. Özellikle 1936'dan itibaren sofra dostları, masadaki devin mavi gözlerinde yanan ışıkların sönmeye yüz tuttuğunu farkettiler. Artık öğleden sonra geç vakit uyanıyor, Ankara'daysa Çankaya çevresinde veya Çiftlik'te, İstanbul'daysa Florya çevresinde küçük gezintiler yapıyor, ama çabuk yoruluyordu. Çehresi birkaç yıl öncesine kıyasla müthiş değişmiş, benzi solmuş, hatları keskinleşmişti. Sağ elini ceketinin ilik yerinden çıkarmaz olmuştu. Sanki bir yarayı saklar gibiydi.

Gezinti sırasında çevresinde olanlara yorulduğunu belli etmemek için ya bir sohbet veya bir incelemeyi bahane ediyor ve böylece bir süre durarak dinleniyordu. Sonra da gün boyunca başka hiçbir şey yapmadan akşamüstü gelip sofraya oturuyordu.

Sofra, artık tutundukça O'nu dibe çekecek eski bir dosta dönüşmüştü.

KILIÇ ALİ
KORUMASI

"O sportmen denilecek kadar zinde, kabına sığmayacak kadar cevval olan Atatürk'te son 2 sene içinde, o zamana kadar hiç görülmeyen kırıklıklar, başağrıları birtakım halsizlikler ve yavaş yavaş da düşkünlükler arız olmaya başlamıştı. O heykel gibi duran, aslan gibi kükreyen güzel adamın mavi gözleri solmaya başlamış, altın sarısı saçlarına kır düşmüştü. Günden güne halsizlikler daha ziyadeleşiyor, benzi geçen senelere nisbeten daha ziyade soluyordu".

DR. ASIM ARAR
DOKTORU

"Fakat her şeye rağmen 1936 senesi sonlarında Atatürk yine eski hayat ve itiyatlarında devam ediyor, her akşam muntazaman rakı içiyor ve biraz ifrata kaçan içki alemlerinin ertesi gününde büyük bir yorgunluk hissederek istirahat etmeyi tercih ediyordu".

FALİH RIFKI ATAY
YAZAR

"Bilhassa 1937'den sonra sinir dengesinin gitgide bozulduğunu görüyorduk. Pek alıngan olmuştu. Devamlı bir boşanma ihtiyacı içinde olan sinirlerini güç tuttuğunu hissederdik. 1937 sonbaharında uzun bir Almanya seyahatinden dönmüştüm. Florya'da beni kabul etti. Hal hatır sordu. Bir müddet sonra da misafirler geldi, sofraya geçtik. İçki aleminde sabahlara kadar kalsa hafızasının bulandığına pek az rastladığımız Atatürk, henüz ilk kadehi tamamladıktan biraz sonra, iki gece önce sofrada geçen bir vakayı ele alarak bana döndü. O akşam sen de buradaydın. Haklı mıyım, değil miyim' diye sordu. İçim ıstıraptan burkuldu. Yarım saat öncesi bile hafızasından silinip gitmişti... ve nihayet 56 yaşında idi".

25 OCAK 1937

Bir dostluğun hazin sonu

25 Ocak 1937 günü Kurun Gazetesi'nde ilginç bir makale yayınlandı. Makalenin altında Asım Us imzası vardı. Konusu; Hatay sorunuydu. Şöyle diyordu:

"Başbakan İsmet İnönü 15 gün evvel Hatay sorunu üzerinde konuşurken '15 gün bekleyiniz' demişti. Türkiye Cumhuriyeti devletine ve onun hükümetine hitabediyoruz: 16'ncı gündeyiz. Vaziyet nedir? Bizi Türk milletini yeniden aydınlatınız".

Aslında hergün rastlanabilecek, sıradan bir eleştiri yazısıydı. Ama işin aslını bilenlerde şok etkisi yaptı. Çünkü "Asım Us", Kurun gazetesinin başyazarıydı ama zaman zaman Atatürk'ün bu isim altında gazeteye yazılar yazdığı da biliniyordu. İşte bu kez de Hükümeti eleştiren yazılar yazan bu kalemin gerçek sahibi; Mustafa Kemal Atatürk'tü.

Gazetede Hatay üzerine peş peşe tam 5 makale yayınlandı. Bunlar, dış kamuoyuna "Türk basınının duyarlılığını" göstermek için kaleme alınmış danışıklı döğüş yazıları mıydı? Herhalde değil...

Hatay konusunda Cumhurbaşkanı Atatürk'le Başbakanı İnönü'nün farklı düşündükleri çoktandır biliniyor ve konuşuluyordu. Hatay'da Fransız yönetiminden şikayetler arttıkça, Atatürk Köşk'te sabırsızlanıyor ve askeri müdahale planları yapıyordu. İnönü ise daha soğukkanlı bir yaklaşımla diplomatik yolları zorlayarak sonuç alma yanlısıydı.

İki farklı insan ve iki farklı yaklaşım...

Erkan-ı Harbiye Mektebi'den, İttihat Terakki kongrelerinden başlayıp, milli mücadele cephelerinde süren 30 yıllık bir dostluk şimdi iktidar basamaklarında sürüyordu. Ama kendileri gibi dostlukları da yaşlanmış, yıpranmıştı.

Gerçi Atatürk her fırsatta yakınlarına "Çankaya'da rahat ediyorsam İsmet sayesindedir" diyerek eski dostunu övüyordu ama sofranın daimi misafirleri, milli mücadelenin iki kahramanı arasında derinden derine tırmanan gerginliği seziyorlardı.

Atatürk'ün İnönü ile dostluğunun çöküşü, O'nun bünyevi çöküşüyle aynı takvim dilimine gelip oturdu.

Ve yollar 1937 başından itibaren iyiden iyiye ayrılmaya başladı:

İSMET İNÖNÜ
BAŞBAKAN

"1936 senesi ve 37 başı olayların gittikçe biriktiği, yorgunluk ve gerginliğin arttığı devirdir. Türlü meselelerden Atatürk'le aramızda münakaşa çıkmıştır. 1936-37'lerde ben nasıl yorgun, artık geçinmekte güçlük çekilen bir adam haline gelmişsem, Atatürk'ün de sıhhatinde başlayan bozukluklarla sükunetini kolaylıkla kaybeder hale gelmiş olduğu kanaatindeyim. Hasta bir insanın bir tartışmada sükuneti daima müteessir olur. Hasta vücut tartışmalarda, muhakemelerde daima bir yorgunluk ve az tahammül göstermek istidadındadır. Muhtelif meselelerde çekişmelerde bunları, benim üzerimde bir yorgunluk devri saymak kabil olduğu gibi Atatürk üzerinde de bir hastalık devri, başlamış olan hastalıkların sinirler üzerindeki yorgunluk devri saymak mümkündür".

İnönü, Atatürk'le aralarındaki anlaşmazlığa bu teşhisi koyuyordu. Ancak, ayrıntıları kamuoyunda pek bilinmeyen bu dargınlığa Atatürk'ün yakın çevresinde bambaşka teşhisler konduğunu da burada belirtmekte yarar var.

Cumhuriyeti birlikte kuran bu iki kahramanın baş başa kaldıklarında yaptıkları tartışmalar, birer tarihi sır olarak kendileriyle birlikte toprağa gömüldü. Arkalarından yayınlanan anılar sayesinde bu tarihi küslüğün nedenleri kısmen aydınlatıldıysa da bunları tartışmak bu kitabın kapsamı dışında kalıyor.

Burada sadece sözkonusu ayrılığın final sahnesini aktarmakla yetineceğiz.

Tarih 17 Eylül 1937'ydi.

Atatürk o gün İstanbul'dan trenle Ankara'ya geliyordu. Ama sinirliydi. Bir diplomatik meseleden İsmet Paşa'yla araları açılmıştı. Gerginliğe yolaçan konu, Nyon'da sürmekte olan bir uluslararası konferanstı. Toplantıya Türkiye adına katılan Dışişleri Bakanı Dr. Tevfik Rüştü Aras, bir yandan Ankara'dan yani Hükümet'ten, öte yandan da İstanbul Florya'dan yani Atatürk'ten ayrı ayrı talimatlar alınca şaşkına dönmüş ve bu karışıklık iktidarda bir kaosa dönüşmüştü.

Atatürk, diğer devlet işlerini büyük oranda Hükümet'e devretse de dış politika konularında hâlâ son derece titiz davranıyor ve açıktan müdahale ediyordu. Hükümet yönetimi ve ilkeleri konusunda son derece titiz olan İsmet Paşa ise bu müdahalelerden tedirgin oluyor ve Başbakan olarak kendisini dışlanmış hissediyordu.

Nihayet iki eski dost, bir süredir yaşanan bu gerginliğin ardından trende buluştular. İnönü her zaman yaptığı gibi Atatürk'ü Gazi Çiftliği istasyonunda karşılamış ve kompartmanına kabul edilmişti. Tren son durağa yaklaşırken, havadaki elektriği daha da artıran bir konu açıldı. Trenin penceresinden akıp giden Çiftlik, Atatürk''ün gözbebeğiydi ve Ata, Ziraat Vekaleti'nin buraya yeterince ilgi göstermediği kanısındaydı. Konu, akşam "sofra"da görüşülmek üzere ertelendi.

İşte aylar, belki yıllardır süregelen gerginlikler birikmiş, birikmiş ve patlama noktasına gelmişti. Patlayacağı yer yine, "ülkenin gayri resmi karargahı" sayılan; sofra'ydı.

Tanıkların aktardıklarına bakılırsa o gece işler tersine dönmüş gibiydi. Sofrada rakı yoktu. Gerekçe ise Atatürk'ün nezlesiydi. Ya da Genel Sekreteri Hasan Rıza Soyak'ın ifadesiyle "bahane" buydu. Soyak'a göre sofrada içki olmamasının asıl gerekçesi Atatürk'ün kopacak fırtınayı tahmin edip, "her ihtimale karşı tabii halde kalmak istemesiydi. Ama hiç beklenmedik bir şey olmuş ve o gece sofraya İsmet Paşa içkili gelmişti. Başvekil de fırtına kokusu almış olacak ki Çankaya'ya çıkmadan Anadolu kulübünde birkaç kadeh viski içmiş ve yaşamının en zor kavgalarından birine hazırlanmıştı.

Yalnız Cumhurbaşkanı Atatürk'le değil, dostu, silah arkadaşı Mustafa Kemal'le kavga edecekti...

İSMET İNÖNÜ
BAŞBAKAN

"...ayrılmayı düşünüyordum. Ben sabırlı ve tahammüllü bir adam olarak tanınmışımdır. Arkadaşlarım, siyasi rakiplerim, münakaşa ederler. Benim sabırla ve tahammülle geçirdiğim her meseleden sonra, büyük bir gayret sarfederek o işten kurtulmaya çalıştığıma, gayretimin bu maksada dayandığına hükmetmezler. Arkadaşlarım da, herkes de 'O sabırlıdır, dayanır. Dayanma gücü vardır, ne kadar istesek dayanır' derler. Sonra yine bir gün, yine zorladıkları zaman, sabrımın hiç ummadıkları ölçüde tükendiğini görünce şaşakalırlar. Bu sefer beni haksızlıkla itham etmeye kalkarlar. Bütün hayatta kaderim bu".

İşte o gece, İsmet Paşa'nın sabrının taştığı nadir gecelerden biriydi. Sofrada konu, trende açılan soruna, yani Ziraat Vekili'nin beceriksizliğine gelince İnönü'nün sabır taşı çatladı ve o suskun adam birden kükremeye başladı:

"Tıpkı bundan evvel diğer bazı vekiller hakkında yapıldığı gibi, fikrim alınmaya lüzum görülmeden vekillerim istifaya icbar ediliyor. Emrivakiler karşısında bulunduruluyorum. İleri sürdüğüm mütalaalara itimat edilmiyor, bunlar başkalarından tahkik ediliyor. En mühim memleket davaları alakadar olmayanlarla görüşülerek, hep sofra başında kararlaştırılıyor. Sofradan emirler alıyoruz".

Bu son cümle, İsmet Paşa'nın sofraya sapladığı son bıçaktı. "Sofra", Atatürk'ün payitahtıydı. O halde isyan sofraya değil, sofranın başköşesinde oturanaydı.

Bir rivayete göre Atatürk bu noktada İsmet Paşa'ya, "kendi başvekaletinin de böyle bir sofrada kararlaştırıldığını" hatırlattı. Bir başka rivayete göre ise "Anlaşıldı, bu gece doğru dürüst konuşamayacağız" dedi ve sofrayı terketti.

İnönü, daha sonra yazdığı anılarında o talihsiz gece yaptığı çıkışı şöyle savunacaktır:

İSMET İNÖNÜ
BAŞBAKAN

"Evvelce de beni müteessir eden bir olay cereyan etmişti. Atatürk'ten bilhassa rica ettim: Yapmasın bunu. Vekillerden hangisini istemiyorsa, itimadı yoksa söylesin. Vekile söyleriz. Hiç kimse kendisinin itimadına mazhar olmadığı halde vekalette kalmak arzusunda değildir. Emin olsun bundan. Bunu değiştirmek mümkündür. Bunu rica ettim kendisinden. Bu nokta üzerinde son derece kırılıyorum. Toplanıyoruz. Herhangi bir vekili istifaya mecbur etmek için sert muamele yapmak o vekil için çok ağır bir muamele oluyor. Başvekil olarak benim için de çok üzüntü verici bir hadise oluyor. (O gece de) Atatürk çağırıyor denildiği zaman, vekillerin türlü sebeplerle, çoktan beri birikmiş olan dolgunluklarla sert muameleye mazhar olmaları ihtimali benim zihnimde bir kabus gibi canlandı. (Sofrada) şahıslara karşı çok kırıcı olmaya başladı. Ben onları müdafaa etmek zorunda kaldım. (...) Evvela sakin idim. Sükunetle geçiştirmek istedim. Halindeki tecavüz manasının arttığını gördükçe sabrım tükendi. Sonra şiddetle mukabele ettim. Mukabelemin şiddeti O'nu sükunete getirdi. (...) Bununla sofra hayatımız ekşi bir hava içinde bitti".

ŞEVKET SÜREYYA AYDEMİR
YAZAR

"Atatürk'ün ertesi günkü hali üzerinde anlatılanlar hep birbirine uyar. Atatürk sinirlidir. Gece de belki hiç uyumamıştır. Köşkünde ne yapacağını da bilmez. Akşama doğru bir aralık yanına Yaverini ve Cevat Abbas'ı alarak bir otomobil gezintisine çıkar. Keçiö-

ren'e vurur, baraja döner, oradaki küçük köşkte bir süre tek başına kapanır. Sonra gene şehre... Yanındakilerle hiç konuşmaz. İçine kapanık ve sıkkındır".

HASAN RIZA SOYAK
GENEL SEKRETERİ

"O gün Ankara civarında yaptığı uzun otomobil gezintisi esnasında yanında bulunan Bolu mebusu Cevat Abbas Gürer'e konunun muhtelif hal şekillerinden bahsetmiş, hatta meseleyi Büyük Millet Meclisi'ne intikal ettirmeyi düşündüğünü söylemiş. Gezintiden sonra Meclis binasına uğramış olması da belki bu düşüncesiyle ilgiliydi. Fakat oraya geldiği zaman Meclis, olağanüstü toplantısını yapmış, Nyon Anlaşması'nı kabul ve tasdik ederek dağılmış bulunuyordu. Cevat Abbas, bunları anlatırken Meclis'e gelmesini geciktirmek için büyük gayretler sarfettiğini de ilave ederdi".

Meselenin Atatürk'ün kafasındaki "hal" yolu, İnönü'nün istifa ettirilmesiydi. O sabah görüştüğü Genel Sekreteri Hasan Rıza'ya bu fikrini şöyle açmıştı:

"Bilmiyordum, meğer arkadaşımız bizim ikazlarımızdan mustarip oluyormuş. Kendisini bu ıstıraptan kurtarmak lazımdır. Bunun tek yolu da mesai arkadaşlığımıza bir müddet için olsun, nihayet vermektir".

Hasan Rıza, durumu yumuşatmaya çalıştı. "Efendim, biliyorsunuz Başvekil Paşa bugünlerde çok kederli ve yorgundur" dedi. İnönü'nün birkaç gün önce en küçük kardeşi Hayri Temelli'yi feci bir kazada kaybettiğini hatırlattı. Ama Atatürk kararlıydı:

"Evet haklısın çocuk" dedi, "..zaten ben, onu da düşündüğüm içindir ki bu kararı verdim. Maatteessüf arkadaşımız yalnız kederli ve yorgun değil, aynı zamanda hastadır".

Atatürk o akşam ünlü Beyaz trenine bindi ve İstanbul'a doğru yola çıktı. Yanında yakınları ve Başvekil İnönü de vardı. Tren hareket edince Ata, yanındakilere işaret etti ve "Bizi Paşa'yla yalnız bırakınız" dedi. Ata'ya eşlik eden erkan birer birer vagonu terkettiler. Nihayet iki eski dost trenin en arkasında Cumhurbaşkanı için ayrılmış olan özel vagonda baş başa kalmışlardı. Savaşın o cehennem günlerini omuz omuza yaşamış iki ateşten kahraman gibi değil, okyanusun ortasında tesadüfen karşılaşmış iki buz kütlesi gibi konuştular.

İSMET İNÖNÜ
BAŞVEKİL

"Beraber bir kahve içtik. Ben evvela çok müteessirdim. Ağlayacak vaziyette idim. Gönlünü almayı istiyordum. 'Çok mustaribim' dedim, 'bilmiyorum nasıl oldu'... 'Alem önünde olmasaydı' dedi... 'Ne düşünürsün' dedi. Birden uyandım. Her zamanki gibi geçmiş veya geçecek bir hadise addediyordum. Bu sual üzerine ayıldım. Teessürümü yendim. 'Bir şey düşünmedim. Ne emrederseniz öyle yaparız' dedim.

'Bir fasıla verelim'.

'Hay hay. Size müteşekkir olurum.'

'Şekli?..'

'Hastalık?..'

'Evvela izinle yapalım.'

'Çok iyi. Kongreden (Tarih Kurultayı kastediliyor) evvel mi, sonra mı?'

'Nasıl istersen. Sofraya gidelim'

'Çok yorgunum. Gidip yatayım',

'Gizli tutalım. Kimi düşünürsün?'

'Mazur gör. Kimseyi söyleyemem.'

'Celal Bayar'a ne dersin?'

'Hakikaten bana iyi tesir etti.'"

En fazla 10 dakika süren bu diyalog, neredeyse bir ömür süren dostluğun sonu oldu.

Herkes sofra başında bu esrarengiz görüşmenin sonucunu bekliyordu. Kompartmanın kapısından önce İnönü çıktı. Yüzü ifadesizdi. Yemek salonundan hiçbir şey söylemeden geçti ve odasına kapandı. Mustafa Kemal ise az sonra sofraya katıldı. Merakla yüzüne bakanlara her şeyi iki kelimede özetledi:

"Oldu, bitti..."

O gece yanına çağırdığı Genel Sekreteri'ne şunları öğütleyecekti:

"Biliyorsun, bizde, bilhassa politikacılar arasında kökleşmiş, çok kötü bir itiyad mevcuttur. Bir adam, makamdan çekildi mi derhal etrafı boşalır, en yakını gibi görünen kimseler tarafından dahi terkedilir. Bu sefer arkadaşlar bunun aksini yapmalı. Bu sakim itiyadı, medeni insanlara yakışan hareketleriyle fiilen ortadan kaldırmak yoluna gitmelidirler. Bunun için de İnönü ile teması kesmemeleri, kendisini yalnız bırakmamaları, hürmette asla kusur etmemeleri, hatta eskisinden fazla hürmet etmeleri lazımdır. İşte bunu sağlamaya çalışmalıyız".

Tren ertesi sabah Haydarpaşa'ya vardığında İsmet Paşa artık Atatürk'ün yanıbaşında değildi. Karşılayıcılar arasında bulunan Afet İnan, olup bitenlerden habersiz bir şekilde İnönü'ye yaklaştı ve "Sarayda odanızı hazırlattım Paşam" dedi. Ama Atatürk'ün verdiği cevapla buz gibi oldu:

"Paşa, evinde istirahat edecektir".

O "eski kötü itiyad" orada işlemeye başladı.

Karşılama heyeti Atatürk'ün peşinden garı terketti.

Ve İnönü rıhtımda yapayalnız kaldı.

Aynı gün öğleden sonra Heybeliada'daki evinde Anadolu Ajansı'nın neşrettiği şu tebliği dinledi:

"Başvekil, Malatya Mebusu İsmet İnönü, şiddetli sürmenaj neticesi olarak mutlak istirahat şeklinde mezuniyete ihtiyaç hissetmekte olduğundan bahis ile tedavisini bitirebilmek üzere 1,5 ay müddetle mezuniyet istemiş ve talebi tensibedilerek Başvekalet'e İktisat Vekili Celal Bayar'ın tayini muvafık görülmüştür".

Şevket Süreyya Aydemir, "İkinci Adam"da bu hazin öyküyü daha sıcak bir finalle noktalar:

ŞEVKET SÜREYYA AYDEMİR

YAZAR

"Dolmabahçe Sarayı'nda Türk Tarih Kurultayı açılmıştır. Atatürk locasındadır. İsmet İnönü'yü de locasına çağırır. Herkes kürsüde konuşulanlara dalmıştır. Bir aralık İnönü, kimseye farkettirmeden cebinden çıkardığı küçük bir kağıt parçasına birkaç kelime yazar. Atatürk'ün eline sıkıştırır:

'Bana hâlâ dargın mısın?'

Kısa bir cevap aynı şekilde gelir:

'Sana dargın olabilir miyim?'

'Bu kağıdı saklayabilir miyim?'

'Nasıl istersen.'"

Ağzına içki koymaksızın yatağında Güneş Dil Teorisi üzerinde çalıştı ve hızla iyileşti. Ve yeniden hiçbir şey olmamış gibi gündüzleri işe koyuldu, akşamları sofraya kuruldu...

20 Kasım 1937

"Doktorumu terkederim, rakımı terketmem"

İlk kriz bir Kasım günü gelmişti. İlk ateş de bir Kasım günü geldi. Tıpkı son sancının bir Kasım sabahı geleceği gibi...

20 Kasım gecesi Çankaya Köşkü'ne o bildik sofralardan biri kurulmuş ve yine her zamanki gibi sabaha karşı dağılmıştı. Ama Atatürk, konuklarını uğurladıktan sonra odasına çekileceği yerde, sıcak salondan üstünde ince bir kıyafetle ayrılmış, ayazda avluya inmiş ve havuz başında tek başına oturmaya koyulmuştu. Hava, Kasım ayazında eksi 4 dereceydi. Ata'yı uzaktan endişeli gözlerle izleyen zevat, az sonra O'nun oturduğu yerde uyuyakaldığını farketti. Rahatsız etmemeye çalışarak alıp, yatağına yatırdılar.

Sabah şiddetli bir titremeyle uyandı. Zatürree kapıdaydı.

Doktorlar yetiştiğinde ateşi 39'u vurmuştu. Göğsünün sağ tarafında bir ağrı vardı. Ciğerde kan toplanmıştı. Doktorları bu kez işin çok ciddi olduğunu anlatıp, perhize kesin riayet istediler:

"Peki rakı içmeyeceğim ama, bana rahat bir uyku temin edin" dedi. Alkolü bırakanlarda ilk rastlanan şikayet olan uykusuzluğu gidermek için kendisine güçlü bir uyku ilacı verildi. Bu sayede o gece 9 saat deliksiz uyudu. İzleyen 5 günde de belki de ilk kez perhize ve öğütlere harfiyen uydu. Ağzına içki koymaksızın yatağında Güneş Dil Teorisi üzerinde çalıştı ve hızla iyileşti. Ve yeniden hiçbir şey olmamış gibi gündüzleri işe koyuldu, akşamları sofraya kuruldu...

DR. ASIM ARAR
DOKTORU

"Yemek konusunda son derece kanaatkar idi. Bizde rakı içerken genellikle yenen şeyleri yemekten hoşlanmazdı. Sofrada ekseriya bir miktar tuzlu leblebi ile yetinir, yalnız bu mezeyle içerdi. Ancak sofra işi bittikten sonra sabaha karşı bir miktar yemek yerdi. Özellikle kuru fasulye ile pilavdan hoşlanırdı. O yüzden mutfakta bu yemeklerin bulunması adettendi. Esasen sabah kahvaltısı ve öğle yemekleri de mutad değildi".

KILIÇ ALİ
KORUMASI

"Bir gün doktoru Neşet Ömer Bey ziyaretine gelmişti. Atatürk laf arasında; 'Doktor' dedi, 'son zamanlarda bana sık sık ateş geliyor. Eskiden olmazdı böyle şey. Sebebi nedir? Hoca bunu fırsat bildi ve 'Efendim, bu bir ihbardır' cevabını verdi. Atatürk maksadı derhal anlamıştı; 'Yaa, o halde biraz tedbirli hareket etmek lazımdır' dedi. O akşam sofraya doktor Neşet Bey de davetliydi. Atatürk, kadehini dolduran garsona 'Bana koyma' dedi, 'Hoca'nın ifadesine göre ihbar vaki olmuş. Bir müddet alkolü keselim'. Bu sözlerine derhal şunları ilave etti; 'Bu demek değildir ki, ben içmiyorum diye arkadaşların zevkine mani olacağız. Sen beyefendilere koy. Onlar içsinler. Bilhassa Neşet Ömer Bey'e koy. Madem ki beni men ediyor, benim yerime içsin'. Neşet Ömer Bey gündüz yaptığı tavsiyelerin kabul edilmiş olmasından memnundu. Bir müddet sonra Atatürk dayanamadı ve Neşet Ömer Bey'e dönerek; 'Doktor' dedi, 'hayli senedir içtiğimiz alkolü böyle bir anda bırakıvermek de bilmem doğru mudur? Zannedersem bunu yavaş yavaş bırakmak daha iyi olacak. Mesela bu akşam birkaç kadeh içeriz ve bunu tedricen azaltarak sonunda tamamen bırakırız'. Bu sözlerden sonra kadehinin doldurulmasını emretti ve şu hikayeyi anlattı:

"Bismark çok şampanya içermiş. Doktorları alkolü kesmek zamanının geldiğini kendisine ima etmişler. Bismark dinlemiş ve 'Söyledikleriniz doğru olabilir' demiş, 'fakat ben doktorumu terke-

derim de şampanyamı terketmem'. Neşet Ömer Bey Atatürk'ün anlattığı bu hikayeyi dinlerken buram buram ter döküyor, yüzünden içinin acısı hissediliyordu".

O sofrada O'nun karizmasının karşısına dikilip, "Hayır Paşam, artık durmalısınız" diyebilecek kimse yoktu. Bazı geceler dayanamayıp konukların yanında "Kemal çok içtin, yeter" diye isyan eden Latife Hanım da artık uzaklardaydı. Dostları ve doktorları sözgeçiremiyorlardı. Sözgeçirebilmesi için Avrupa'dan doktor getirtildiğinde ise iş işten geçmiş olacaktı.

Mustafa Kemal, yaşamının son 1 yılına giriyordu.

Mustafa Kemal, giyimine son derece önem verir ve Paris'ten giyinirdi.

4 OCAK 1938

Golf çorapları... boyunbağı ve maden suyu...

4 Ocak 1938 akşamı Atatürk sofrada Türk müziği dinledi. Ve dinlediklerinin etkisiyle olacak, yanındakilere şunları yazdırdı:

"Biz, bir Türk bestesini dinlediğimiz zaman, ondan, geçmişin uyanma bırakması lazım gelen hikayesini, kalbimize giren oklar gibi duymak isteriz. Acı olsun, tatlı olsun biz bir beste dinlerken farkında olmaksızın hislerimizin inceldiğini duymak isteriz".

Aynı akşam, saat 16.45'te Ankara'dan Paris'e acele kaydı ile şu telgraf çekiliyordu:

"Vaccin Enterococcique..stop... 54 Rue Faubourg Saint Honore ...stop... Doktor Cuny mamulatı... stop... 25 kutunun acilen gönderilmesini saygılarımla dilerim... Süreyya Anderiman..."

Köşk'ün Özel Kalem Müdür vekili Anderiman'ın Paris Büyükelçisi Suat Davaz'a çektiği bu telgrafta istenen ilaçlar Ata'nın ilaçlarıydı. Büyükelçi Davaz telgrafı alınca şaşırdı. O güne dek Atatürk için boyunbağları, golf çorapları, hatta kostümler ısmarlanmasına alışmıştı. Ama ilaçlar, "sipariş listesi"nde yeniydi.

Bilal Şimşir'in titiz bir araştırmayla ortaya çıkardığı yazışmalardan anlaşıldığına göre bu ilaç siparişleri 1938 başından itibaren artarak sürdü. 24 Ocak'ta "Başyaver Celal" imzasıyla çekilen ikinci bir telgrafta yine bazı ilaçlarla iki sandık Vichy maden suyu ısmarlandı. Büyükelçi Davaz, siparişleri hemen temin ediyor ve postaya verir vermez de telgraf başına koşuyordu:

"İlaçlar temin edilmiş ve Ankara'ya yollanmıştır... İlaçların bedeli 750 Frank, posta masrafı 246 Frank'tır..."

5 OCAK 1938

Kırmızı karınca masalı

1938 başında hastalık iyiden iyiye "geliyorum" demeye başladı. Uzun süredir hissedilen halsizlik ve iştahsızlığa şimdi iki yeni illet eklenmişti:

Burun kanaması ve kaşıntı...

Olur olmaz yerde Atatürk'ün burnundan kan boşanıyor ve ancak tamponlar konarak durdurulabiliyordu. Bu arada sol bacağının kasık bölgesiyle dizkapağı arasında müthiş bir kaşıntı başlamıştı. Geceleri sofrada öksürük nöbetleri geliyor, soluk almakta zorlanıyor, boğuluyormuş gibi oluyordu.

FALİH RIFKI ATAY
YAZAR

"Sinir dengesinin gitgide bozulduğunu görüyorduk. Pek alıngan olmuştu. Devamlı bir boşanma ihtiyacı içinde kıvranan sinirlerini güç tuttuğunu hissederdik. Bütün bunların sebebinin karaciğerini için için kemiren onulmaz bir illet olduğunu bilmiyorduk. Daima yanında bulunan hekimlerin neden bu araza ve umumi çöküntüye dikkat etmediklerini ve hepsini pek basit bir sebebe bağlayarak geçiştirdiklerini doğrusu hâlâ anlayamıyorum".

Gerçekten de Atatürk sözde devamlı doktor kontrolü altındaydı. Ama şikayetlerine karşı hep anlık tedaviler uygulanıyordu. Doktorları nasıl iştahsızlığına karşı iştah açıcı mezeler tavsiye ediyorlarsa, burun kanamalarına da tamponla çare bulmaya çalışıyorlardı. Kaşıntılara gelince... Ona karşı da birbirinden güzel merhemler ve solüsyonlar önermişlerdi. Ama kaşıntının nedeni bir türlü bulunamıyordu.

Sonunda günlerden bir gün o talihsiz kara mizah başladı. Gülünmeyip, ağlanacak o kara mizah...

O gün Ata, Çankaya Köşkü'nün bahçesinde kalabalık bir ziyaretçi grubuyla sohbetteydi. Birden kolunda bir kaşıntı hissetti ve kaşınmaya başladı. Sonra kolunu sıvadı ve kaşıdığı yerdeki fiske fiske kabartıları oradakilere gösterdi. Konuklar arasında bir doktor da vardı. O'na dönerek;

"Bu nedir doktor" diye sordu, "son zamanlarda sık sık oram buram kabarıyor..?"

Doktor eğildi, kendisine uzatılan kolu inceledi ve kendinden emin bir edayla teşhisini açıkladı:

"Karınca efendimiz... Bunlar karınca ısırmasıdır..."

İşte "ilahi komedya" ayaküstü konulan bu teşhisle başladı. "Karınca" lafı geçince Ata'nın çevresindekiler de vücutlarını kaşımaya başladılar. Hatta bir tanesi çevreden bir karınca bulup, getirdi. İşte suçlu bulunmuştu. Atatürk, "Ben geceleri de kaşınıyorum. Karınca yatak odama kadar çıkar mı?" diye sordu. "Tabii çıkar" dediler. Ve bunun üzerine seferberlik ilan edildi. Bütün devlet, karıncalarla savaş için alarma geçirildi. Önce Sağlık Bakanlığı Müsteşarı Dr. Asım İsmail Arar uyarıldı. Arar ve ekibi Köşk'ü incelemeye aldılar ve gerçekten çevrede küçük kırmızı karıncalar buldular. Ardından Veteriner Fakültesi Protozooloji ve Entomoloji dalı öğretim üyelerinden Parazitolog Dr. Nevzat Tuzdil çağrılarak bulunan karıncalar incelettirildi. Bunların Çin'den Avrupa'ya gelen ve et yiyerek yaşayan türde karıncalar olduğu öğrenildi. Ve savaş kararı alındı.

Hemen Atatürk, kaplıca tedavisi için Yalova'daki kaplıcaya gönderildi. O arada da Donanma'da fare zehiri olarak kullanılan bir madde bulundu. Yavuz Zırhlısı'ndan ilaçlamada tecrübeli bir ekip getirtildi. Sonra da Milli Savunma Bakanlığı Sağlık İşleri Dairesi Zehirli Gaz Şubesi'nin ve Sağlık Bakanlığı'nın gözetimi altında Çankaya Köşkü'nün bütün pencere ve kapıları kapatılarak gaz geçirmez bir hale getirildi. Ve koca Köşk 48 saat yoğun bir gaz ateşine tutuldu. 48 saatin sonunda Köşk havalandırıldı. Dedektörlerle tarandı. Gaz kalmadığı anlaşıldı. Her taraf ölü karıncalarla doluydu. Bu, tam bir zaferdi. Sonuç hemen Yalova'ya Atatürk'e müjdelendi. Oysa aynı sıralarda Atatürk, Yalova'da gerçek teşhisle yüz yüze gelmek üzereydi.

Termal Oteli'ne kür tedavisine gidiyordu.

22 OCAK 1938

"Şimdi ne yapacağız?..."

Atatürk trenle İzmit üzerinden Derince'ye gelmiş, sonra da Akay vapuruyla Yalova'ya geçmişti. Yeni yapılan Termal Oteli'ne kür tedavisine gidiyordu.

Yorgundu.

Bir imparatorluğu çökerten adamı, şimdi içindeki amansız bir illet çökertiyordu. Amansız ve adını henüz bilmediği bir illet...

"Son 300 gün"üne girerken kaplıca tedavisi görecek, şifayı, sularda arayacaktı.

O geceyi otelin kendisi için hazırlanan sade döşenmiş odasında geçirdi. Ertesi sabah da özel banyo dairesinde küre başladı. Bu arada kaplıcanın kurucu müdürü Doktor Nihat Reşat Belger'i çağırttı. Derdini bir kez de ona anlattı..

İşte müthiş hüküm anı gelmişti.

Ankara'da aylardır O'nu karınca masalıyla oyalayanlara inat, Dr. Belger hemen karaciğerden kuşkulandı ve büyümeyi farketti. Karaciğer kaburga altını 3 parmak kadar aşmış ve sertleşmişti. Atatürk'e, hastalığının karıncayla filan değil, içkiyle ilgili olduğunu söyledi:

NİHAT REŞAT BELGER
DOKTORU

"Sözlerim o ana kadar kendisine karaciğer rahatsızlığından bir defa bile bahsedilmemiş olan Atatürk üzerinde, hissettim ki bir

sürpriz tesiri yaptı. Fakat O, hiçbir hayret belirtmeksizin bu sözlerimi tam bir sükunetle dinledi ve sordu:

"Şimdi ne yapacağız?"

Yapılacak şey sıkı bir perhizdi. Hayatını da iyice düzene koyması gerekiyordu. Uykusuz gecelerden, elinden hiç düşürmediği sigaradan ve bazı geceler bir büyük şişeye varan rakısından vazgeçmesi gerekiyordu.

Karaciğerdeki büyüme "Siroz başlangıcı"nın işaretiydi. Ve bu teşhiste en az bir yıl gecikilmişti. Neden çevresindeki bunca doktordan biri olsun o güne dek karaciğerden kuşkulanmamış ve üstünkörü tedavilerle yetinmişti, bilinmiyor. Bu konuda yazılmış doktor raporları, hatıratlar ve yazışmalar incelendiğinde ortaya dehşet verici bir soru çıkıyor:

"Atatürk ciddi bir ihmale mi kurban gitti?"

Bu soruya yanıt bulabilmek için teşhis aşamasını biraz daha yakından incelemek gerekiyor.

Atatürk'ün özel doktoru durumunda bulunan Prof. Dr. Neşet Ömer İrdelp, hastasını son teşhisten yaklaşık 6-7 ay önce yani 1937 yazında Yalova'da muayene etmişti. Ata'nın ölümünden sonra verdiği demeçlere bakılırsa "o tarihte kendisinde siroz hastalığına ait hiçbir alamet görmemişti".

Peki alamet yok muydu, yoksa vardı da görülemedi mi?

Tabii bu soruya bunca yıl sonra net bir yanıt bulmak kolay değil. Ancak elimizde Sağlık Bakanlığı Müsteşarı Dr. İsmail Arar'ın yayınlanmış hatıratı var. Bakın Dr. Arar, bu hatıralarında 1936 yılında Atatürk'ü muayene ettikten sonra "atladıkları" küçük bir ayrıntıyı yıllar sonra nasıl ifşa ediyor:

DR. İSMAİL ARAR
SAĞLIK BAKANLIĞI MÜSTEŞARI

"Atatürk'teki öldürücü hastalığın başlangıcını hemen hemen 1936 senesinin sonlarına kadar geri götürmek yanlış bir düşünce addedilemez. Gerçi henüz en dikkatli mütehassısları bile şüphelen-

direcek herhangi bir alamet görülmüyordu, fakat 1936 sonunda halinde bir başkalık olduğunu kabul etmemeye imkan yoktu. Daima biraz halsiz ve yorgun, hatta solgun görünüyordu. Başlangıçta görülen bu ufak-tefek delil ve emareleri bir karaciğer kifayetsizliğine bağlamak kimsenin aklına gelmemiş ve bu suretle sevgili Atatürk kendisini bekleyen mukadder akibete doğru sürüklenip gitmiştir".

Teşhis hatasının üzerine "mukadder akibet" örtüsünü örtüp, "sevgili Atatürk'ü" ecele teslim etmek...

Dr. Arar'ın yapması gereken bu mu olmalıydı?

Demek 1936 sonunda teşhis için yeterli alamet vardı ve bu alametler 1937 yazında bile teşhis edilememişti. Nihayet hastalık 1938 başında artık kaşıntılar ve burun kanamalarıyla iyiden iyiye kendini göstermiş ve hâlâ çevredeki doktorlar ordusu karınca savaşı ve kaplıca tavsiyesinden öte bir şey yapamamışlardı.

Sağlık Bakanlığı Müsteşarı Arar, hatıratında Ata'nın meşhur burun kanamalarını anımsatırken şöyle diyor:

"Burun kanamaları hekimlerce malum olduğu üzre, kandaki tahassür kabiliyetinin azalmasından doğan bir arazdır. Karaciğer kifayetsizliğinden ve bilhassa bunun en mühim ve vahim şekliyle neticelenen atrofik siroz dediğimiz hastalıkta bazen çok sürekli ve mebzul olarak vücudun muhtelif uzuvlarından kan akmaya başlar ve müşkülatla durdurulur".

Atatürk'te o dönemde, bu derece yoğun değilse de, sık sık burun kanamalarına rastlandığı biliniyordu. Ancak bu önemli işaret "hekimlerce malum olan" şekilde değerlendirilmedi. Bunun yerine Köşk'e getirtilen bir kulak, burun, boğaz uzmanının uyguladığı tampon ya da burun yakması gibi yöntemlerle kanama durdurulmaya çalışıldı. Hastalık içten içe sinsice ilerliyor ve herkes seyrediyordu.

Dr. Arar, yıllar sonra Dünya Gazetesi'nde yayınlanan anılarında burun kanamaları ve kaşıntılar karşısında aslında kendisinin sirozdan kuşkulandığını söylüyor, ama gerekenin yapılmaması sorumluluğunu başkalarının üzerine atıyor:

DR. ASIM İSMAİL ARAR
SAĞLIK BAKANLIĞI MÜSTEŞARI

"Bir karaciğer kifayetsizliği olarak kabul edilebilecek olan kaşıntıların ve burun kanamalarının sık sık tekerrür ettiği vakitlerde de büyük bir ihtimalle bir karaciğer sirozu başlangıcı karşısında bulunduğumuz şüphesine kapılmış ve fikrimi o zaman icap edenlere açmış bulunuyorsam da Atatürk'ün yakınında bulunan selahiyetli kimseler, görünüşe nazaran böyle bir ihtimalin mevcut olmadığını söylemiş olduklarından daha ileriye gidememek zorunda kalmıştım".

Dr. Arar gerçekten de, daha kanamalar ilk başladığında, yani siroz teşhisinden yaklaşık 6 ay önce bunları "icap edenler"e söylemiş miydi?

Kimdi o "icap edenler"? Neden bu kuşkunun üzerine gitmemişlerdi? Neden Ata'nın tedavisine talip olan bir doktor, kendi kuşkularını bir kenara koyarak işi, bazı "selahiyetli kimseler"in sözleriyle oluruna bırakmıştı?

Hem o "Atatürk'ün yakınında bulunan selahiyetli kimseler" kimlerdi?

O dönem Atatürk'ün en yakınında bulunmuş olan Genel Sekreteri Hasan Rıza Soyak, yazdığı anılarında Dr. Arar'ın bu suçlamasını hayretle karşılayacaktı:

HASAN RIZA SOYAK
GENEL SEKRETERİ

"Anlaşılır şey değil. Bir kere kendisi de doktordu, hem de Atatürk'ün yıllarca evvel, hususi ve müdavi doktorları arasına girmiş bir doktordu. Üstelik beliren arızaları ve tedavilerini Hükümet namına takip etmekle vazifedar olanlardan biriydi. Binaenaleyh ge-

rek mesleki ve hususi durumu, gerek vazifesi itibariyle o, 'selahiyetli' dediği kimselerle kati bir münakaşaya girişmesi ve şüphelerini müsbet veya menfi, kesin bir sonuca bağlayıncaya kadar her türlü tedbir ve teşebbüste bulunması icap etmez miydi, hatta buna mecbur değil miydi? Ne gariptir; Dr. Arar şüphelerini hangi şahıs ve makamlara açmış olduğunu ve Atatürk'ün yakınlarından olup da, bu şüpheleri varit görmeyen selahiyet sahibi zatların kimler olduğunu da açıklamamış, bu hususta sarih olmaktan çekinmiştir. Yoksa bunlar, kendi vekilinin de dahil bulunduğu Hükümet adam ve makamları mıdır? Kimbilir? Eğer öyle ise, ki doktorun bulunduğu vaziyet ve vazifeye göre öyle olması akla daha yakın geliyor, o zamanki Hükümet erkanı arasında kendisi gibi vazifeli ve mesuliyet sahibi bir fen adamının şüphelerinden haberdar olup da, derhal ve büyük bir ilgi ile üzerine düşmeyecek olan bir kimsenin bulunabileceğine inanmak doğrusu bana pek güç görünüyor".

Tabii 1938'in o yaman kışında bu eski dosyalar pek açılmadı. Artık ortada ciddi bir teşhis vardı ve herkes biliyordu ki gecikilmişti.

Prof. Dr. Belger siroz başlangıcı teşhisini koyduktan sonra apar topar Ankara'dan Atatürk'ün doktorlarından Prof. Dr. Neşet Ömer İrdelp getirtildi. Hastayı bir kez de İrdelp muayene etti. Konulan teşhisi onayladı. Tedaviyi isabetli gördüğünü söyledi. Sonra da geciken teşhisi koyan Dr. Belger'i kutlayarak, "Atatürk'ü istediğiniz gibi tedavi ediniz, kardeşim" dedi.

Ve İstanbul'a döndü...

Yıllar yılı, içten içe sorulan "Atatürk kurtarılabilir miydi" sorusunun yanıtı işte bu anlatılan olayların içinde gizlidir.

1 Şubat günü Atatürk, Başbakanı Celal Bayar'ı, birkaç bakanı ve silah arkadaşı Ali Fuat Cebesoy'u yanına alarak Yalova'dan ayrıldı ve Bursa'ya hareket etti.

2 ŞUBAT 1938

Sarı Zeybek

Yalova'da Atatürk 11 gün boyunca tam bir kampa alındı. Uzun sofra muhabbetlerine ara verildi. Sabahlara kadar süren akşam yemekleri en geç gece saat 02.00'de biter oldu. Kendisine hemen her gün glikozlu serum takıldı. Gerektikçe idrar söktürücü ve sinir yatıştırıcı ilaçlarla bünyesi takviye edildi. Ve tedavi kısa sürede sonuç verdi. Kaşıntılar azaldı. Ata iştahlandı. Hatta Yalova'ya geldiğinde 74 olan kilosu 75'e çıktı. Sofrasındakiler son dönemde solan çehresinin yeniden gülücüklerle aydınladığını farkettiler.

Ama bu geçici sıhhat alameti yanlış anlaşıldı. Atatürk, içindeki şeytanı altettiğini sandı. Doktoru "Bu kürü 3 hafta sürdürmemiz lazım" diye yalvarsa da dinlemedi. Sağlığına yeniden kavuştuğunu düşünüyordu. Hem dünyaya meydan okumuş bir Başkomutanı, sıradan bir karaciğer hastalığı mı teslim alacaktı?

Şimdi cümle aleme, yalnız ordulara değil, kaderine de hükmedebildiğini gösterme zamanıydı.

1 Şubat günü Atatürk, Başbakanı Celal Bayar'ı, birkaç bakanı ve silah arkadaşı Ali Fuat Cebesoy'u yanına alarak Yalova'dan ayrıldı ve Bursa'ya hareket etti. Bursalılar sağnak yağmura aldırmaksızın karşılama için yollara dökülmüşlerdi. O da buna karşılık Bursalıları üstü açık bir arabayla selamladı. Hatta Ulucami önünde arabadan inip, halkın arasına karışarak bir süre onlarla yürüdü. Islandı.

O gün Atatürk ve arkadaşları Çelik Palas'ta kaldılar. Yemekte Atatürk o korkulan soruyu sordu:

"Ne yapacağız bu akşam? Yemek yiyip uyuyacak mıyız? Masaların üzerinde de sudan başka birşey yok. Bütün gece su mu içeceğiz?"

Böylece perhiz o gece bozulmuş oldu.

Ertesi gün Atatürk, Bursa Merinos Fabrikası'nın açılışını yaptı. Gece yüzüne hakim olan pembelik, yerini bir irin sarısına bırakmıştı. Tanıkların ifadelerine bakılırsa "omuzlarında, dizlerinde, gözlerinde bir yorgunluk dolaşıyor"du. "Bir gece içinde en az 10 yıl yaşlanmış gibi"ydi.

Gece Belediye salonunda şerefine düzenlenen bir balo vardı.

Balo öncesi akşam yemeği için saat tam 7'ye 10 kala Çelik Palas'ın salonuna girdiğinde davetliler şaşkına döndüler. Gündüz sapsarı olan yüzünde yapay bir canlılık parıldıyordu. Dikkatli gözler, Ata'nın yüzüne yansıyan sıhhatin, usta bir makyözün elinden çıktığını hemen kavradılar.

Evet, Atatürk, hayata meydan okuyacağı o gece, canlı görünmek için makyaj yapmıştı.

Geçen geceki uyarıdan sonra rakı şişeleri masalardaki eski yerini alıvermişti. İlk yudumlar alınırken Tanburi Salahattin Bey de, Ata'nın karşısına kurulmuş ve "Mani oluyor, halimi takrire hicabım" diye çalmaya başlamıştı.

Sonrasını, o geceyi unutulmaz bir film gibi hafızasına nakşeden gazeteci Nizamettin Nazif'in anlattıklarından dinleyelim:

NİZAMETTİN NAZİF TEPEDELENLİOĞLU
GAZETECİ-YAZAR

"Tanburi Selahattin çalarken Atatürk pek enginlere dalmıştı. Birdenbire ürperir gibi oldu. Selahattin'e işaret etti:

'Dur' diye bağırdı: 'Bu akort bozuk... La ve si kulağıma yabancı geliyor. Ver bana tanburu'.

Selahattin hürmetle doğruldu ve bir mihraba mukaddes bir kitap koyar gibi tanburunu Şef'in asabi parmakları arasına bıraktı. Bu parmaklar teller üzerinde bir iki dolaştı. Sonra mandallardan bir ikisini sıkıştırdı. Fakat üçüncü bir hareket Şef'in dudaklarında bir hayret nidası çıkarttı:

'Vaaay...!'

La teli mi, si teli mi, hangisiyse işte biri kopuvermişti.

'Ne yapacağız şimdi? Başka tel yok mu?'.

'Yanımda yok, fakat otelde var!'

'Güzel... getirt'

Yüzünde komşu çocuğunun oyuncağı ile oynarken kazaen oyuncağı kırmış bir yavrunun masum hicabı belirdi. Vaziyeti korumak ister gibi, hatta hatasının affedilmesini istiyormuş gibi etrafına bakındı. Orgeneral Cebesoy'a hitap etti:

'İnsan bilmediği işe burnunu sokmamalı'.

Fakat bu derece tevazuu da kendine yediremedi. Ani bir rücu ile:

'Maamafih..' dedi, '...hepiniz de farkına vardınız ki akordu bozuktu'.

Saat tam 10'u çeyrek geçe, saatine baktı ve balo vaktinin geldiğini farketti. Bütün zevat, erkekler siyah smokinler, bayanlar şık tuvaletler içinde arabalarla Belediye salonuna geçtiler. Bu, iki katlı, gösterişli ve ahşap bir binaydı. Üst kattaki geniş salonun bir köşesini büyük bir çini soba süslüyordu. Bir başka köşeye de Ege Vapuru'nun bandosu yerleşmişti. Atatürk, otomobilinden inip, çevik adımlarla merdivenleri çıktı, şapkasını, eldivenlerini, pardösüsünü ve bastonunu vestiyere bıraktı ve ikinci kata çıkıp kendisine takdim edilen bayanları selamladı. Sonra da Vali'nin eşine kolunu teklif edip salona girdi.

Devamını yine Nizamettin Nazif'in edebi bir lezzetle yazılmış satırlarından izleyelim:

NİZAMETTİN NAZİF TEPEDELENLİOĞLU
GAZETECİ-YAZAR

"Bando İstiklal Marşı'nı çaldıktan sonra bir iki dakika istirahat etti. Akabinde aheste tempolu bir vals başlayınca bayanlardan birinin önünde eğildiği ve 18 yaşında bir genç çevikliği ile piste çıktığı görüldü. 4,5 ay sonra yataktan çıkamayacak derecede has-

talığı artacak ve 7,5 ay sonra dünyayı mateme boğacak olan insan, daha bir hafta evvel kendisine her türlü yorucu hallerden sakınması bildirilen insan raksediyordu. Etrafını çeviren davetliler kımıldamadan duruyorlar, gözlerini O'ndan ve bilhassa yere ne zaman değdiği, ne zaman yerden ayrıldığı zor farkedilebilen ayaklarından ayıramıyorlardı. Çok ustalıkla biçilmiş tığ gibi ütülü bir pantolonun uçlarından çıkan bu iki küçük ve taraksız ayağı süsleyen kibar hatlı bir çift rugan iskarpinin topukları dans boyunca bir defa dahi tahtaya değmedi. Muhakkak ki pek mükemmel dansediyordu. Bütün vücudunu ve pek ahenkli hatları olmasına rağmen yine mutlaka 55 kilodan aşağı bir ağırlığı olmaması lazım gelen zarif raks arkadaşını parmaklarının ucu üzerinde döndürüp koşturan bu insanın hasta olduğuna nasıl inanılabilirdi? Bu insanın neresinde derman kalmamıştı? Kollarında mı, dizlerinde mi? Bu kollar ki frakın yenlerinden çıkan murassa düğmeli kolluklarının sert kolasından çok daha sert bir gerilişleri vardı. Bu dizler ki dondurulmuş gibi dimdik duran bacaklarında en ufak bir bükülüşleri görülmüyordu. Gayet kibar dansediyordu. Sağ elinin şahadet parmağı ile ancak sol elinin parmaklarına değdiği damının vücudu ile kolalı gömleği ve beyaz yeleği arasında iki parmaklık bir arayı en seri notalarda dahi muhafaza ediyordu. Burnu, kadının saçlarından uzaktı. Gözleri, dansın tempolarına göre istikamet ne kadar değişirse değişsin hep ileriye bakıyordu. Damını yormamak için, turlarda hep kendisini sol tarafa bırakıyordu. Bazen üst üste birkaç süratli dönüş yaparken sol elinin parmaklarında kadının belini kavramak insiyakı beliriyor, fakat buna rağmen kendini tutuyor, parmaklarında sezilen kıpırdanışları frenliyordu".

Bu raks geceyarısına dek sürdü. Bittiğinde Atatürk alkışları zarif bir reveransla yanıtladı. O gece az içti. Neşesi yerindeydi. Yanındakiler "hazır keyfi yerindeyken otele döndürebilirsek ne ala" diye umutlandılar. Ama nafile... Atatürk aniden hareketlenip, vals çalmaya devam eden orkestraya doğru yöneldi. Orkestra şefi Azerbaycanlı Mehmet'e "Zeybek" diye bağırdı. Orkestra üyeleri şaşkın bir halde bir zeybeğin melodisini mırıldanmaya çalışırlarken, Atatürk yeniden gürledi:

"Hayır... o değil... Sarı Zeybek..."

Birden salondaki fraklı ve tuvaletli davetliler topluluğu pistin etrafını çevirdi ve bu muhteşem gösteriyi izlemeye hazırlandı. Az sonra zeybek havasıyla birlikte Gazi'nin ölüme meydan okuyuş dansı başladı:

NİZAMETTİN NAZİF TEPEDELENLİOĞLU
GAZETECİ-YAZAR

"Anında Ödemiş ve Aydın efelerini de hayran edecek bir zeybeğin kahraman figürlerini icraya başladı. Bu, hakikaten bir kahramanlık ayini idi. 'Rejime riayet ederse en çok 9 ay yaşayabilir' teşhisi konulan ve bunu bilen bir adam, dizlerini yere vura vura zeybek oynuyordu. Bu ayini izleyen saray erkanının gözlerinden öyle acı bir endişe fışkırıyordu ki bu hal, ancak bir iki dakika meçhul kalabildi. Sonra birden, bu harikulade bedii raksın akıllara durgunluk veren manasına hepsinin akıl erdiriverdiği anlaşıldı. Gülümseyen yüzlerin bir deruni emre itaat eder gibi, hep birden geriliverdikleri görüldü. İçlerinde fevkalade bir neşe kıvılcımlanan gözlerin hep birden dumanlandığı, bakışların donuklaştığı görüldü ve o anda genç kadınların eriyen rimellerinden gözbebeklerinin yanmasına ehemmiyet vermeden, delikanlıların beyaz gömleklerine kolalarını eritecek derecede sıcak ve nohut büyüklüğünde damlalar dökerek ağladıkları görüldü. Yine o anda O'nun sanki bu, gözyaşıyla ifade olunan umumi teessürü hissetmiş gibi, bu teessürde bir merhamet çeşnisi sezmiş de kızmış gibi, raksına bir kat daha şiddet verdiği görüldü. Tahtaya vuran dizlerinden çıkan sesler, şimdi bu meyus bakışların, bu yaşlı gözlerin muhasarasından kurtulmak isteyen bir aslanın kükreyişini andırıyordu. Orkestra zeybeğin son notalarını bitirince kadınlar ve erkekler, göstermemek için ipekli mendillerini acele acele gözlerine bastırırlarken Atatürk ağız dolusu bir kahkaha attı".

Gece, daha sonra salon ortasında güreş tutan pehlivanlarla sürdü. Saat sabahın 4'ünü vurunca Atatürk yavaş yavaş yerinden kalktı. Valinin zevcesi önünde bir reverans yapıp, müsaade istedi ve alkışlar arasında salonu terketti. Dimdik adımlarla merdivenlere yöneldi. Silindir şapkasını, eldivenlerini ve bastonunu aldı. Paltosunu giydi.

Kapıda arabası bekliyordu. Ama binmedi. Günün ilk ışıklarıyla selamlaşan kente daldı. Az önce pistte diz vurarak ter döken adam, şimdi Şubat ayazının titrettiği yolda tek başına yürüyordu. Celal Bayar, Şükrü Kaya, Kılıç Ali, Salih Bozok telaşla peşine düştüler. Yüz adım kadar, dalgın dalgın önüne bakarak yürüdü. Sonra dar yolun ana caddeye kavuştuğu yerde "Sarı Zeybek" sendeledi. Birden durup şapkasını başına geçirdi, eldivenlerini giydi ve bastonunu parmakları arasında döndürerek gürledi:

"Fakat bizim bir arabamız olacaktı. Yayan mı gideceğiz yoksa..?"

Yaverler koşuştular. Araba yetişti. Atatürk biner binmez başını bir kenara dayayıp şoföre seslendi:

"Çabuk ol çocuk. Üşür gibi oluyorum".

Yaver arabanın camlarını kaparken ağzından şu sözler döküldü:

"Ne güzel geceydi..."

ŞEVKET SÜREYYA AYDEMİR
YAZAR

"O'nun raksı bir ayin değil, bir mücadeleydi. Son Makedonyalı'nın tabiatın zulmüne ve zalim kadere karşı son mücadelesi... Bu mücadele Makedonyalı'nın zaferi ile bitmez. Geceyi yatağında nasıl geçirdiğini, ne ruh buhranları içinde kıvrandığını bilmiyoruz".

Ertesi sabah O, Bursa'dan ayrılıp, Mudanya'ya geçerken odasını temizleyen hizmetçiler, havlularında kokulu bir kırmızı boya izi gördüler. Yüzündeki sahte pembeliğin sırrı o zaman çözüldü.

Atatürk Mudanya'ya varınca hemen Ege Vapuruna geçti ve İstanbul'a doğru yola koyuldu. Vapurda herkes tedirgindi. Dün gece neşeyle zeybek oynayan Gazi, şimdi sofrada sancılar içinde kıvranıyordu. Saat 23.00'e doğru daha fazla dayanamadı. Sofrayı Ali Fuat Cebesoy'a terkederek kamarasına çekildi. Bir doktor, müdahale için peşinden koşarken orkestra sustu. Sofra, bir anda sükunete büründü. Geceyarısı Ata'nın can dostu, silah arkadaşı Ali Fuat Cebesoy, endişe içinde yatağına gidiyordu ki Atatürk'ün kendisini çağırdığını duydu. Odasına girip, başucuna oturdu. Harp Okulu'ndan beri beraber olan iki dost, o geceyarısı Marmara'nın ortasında bir vapurun içinde neredeyse vedalaştılar. Atatürk, kısık bir sesle yavaş yavaş konuştu ve Cebesoy'un yüreğini dağlayan şu sözleri söyledi:

"Doktorun müdahalesinden sonra kendimi daha iyi hissediyorum. Uyuyabileceğim. Fakat bu seferki hastalığımın tedavisi uzunca sürecek gibi görünüyor. Yatakta uzun zaman kalacak olursam; çok sıkılacağım, ancak sizin gibi arkadaşlığımız mektep hayatından başlayan dostlarımla oyalanabileceğim. Beni yalnız bırakmayınız Fuat Paşa..."

Yalnızlık duygusu, o güzel ve korkunç kış gecesinden sonra, Ata'nın beyninden hiç silinmeyecekti.

"Sevgili Atatürk! Bana selamınız geldi. Çok sevindim. Bir an evvel sağlığınıza kavuşmanız yegane ve en samimi dileğimdir. Mübarek ellerinizden, sevgili ve can verici yüzünüzden, doymadan binlerce öperim, sevgili Atatürk, büyük Atatürk, velinimetim Atatürk".

ŞUBAT 1938

"Çocuk... ben hastayım"

Atatürk, 6 Şubat gecesi yemek için Park Otel'e gitti. Sofrası camekana yakın bir yere kurulmuştu. O kadar soğuktu ki, hemen arkasında oturan koruması Kılıç Ali'nin omuzları tutulmuştu.

Sabaha karşı Dolmabahçe Sarayı'ndakiler Atatürk'ün odasından şiddetli öksürük sesleri geldiğini duydular. Üşütmüştü. Göğsü eziliyordu. Ateşi 38'e vurmuştu. Hemen doktoru Neşet Ömer Bey çağrıldı. Ama dışarda şiddetli bir lodos fırtınası estiğinden Neşet Ömer gelemedi. Sabahın dördünde Nihat Reşat Belger acele Saray'a getirtildi ve teşhisi koydu:

"Zatürree"..

Bursa'daki muhteşem gecenin O'na mirası; başına açtığı bu yeni dert olacaktı.

1938 Türkiyesi'nde henüz penisilin olmadığı için yüksek ateş günlerce düşürülemedi.

Akciğerindeki bu yeni bela da, karaciğerindeki eski hastalığı iyiden iyiye azdıracaktı.

Bu en naçar günlerinde yine bir yalnızlık nöbeti sırasında yine bir eski dosttan haber geldi: İsmet İnönü, hasta olduğunu duymuş, ziyaret için izin istiyordu. Hemen yanına çağırttı. İsmet Paşa Ankara'dan geldi. Tam bir hafta Saray'a konuk oldu. "Eski günlerdeki gibi arkadaşça bir hafta" geçirdiler. Ve Şubat sonuna doğru beraberce trenle Ankara'ya geldiler.

Ankara'da Balkan Antantı toplantısı vardı. Aslında doktorları

Atatürk'e gitmemesi için adeta yalvarmışlar, ama söz dinletememişlerdi. Ata, trenden inince Ankara'da karşılayan dostları bitkin görünüşünden ürktüler. O "dev adam" ayakta zor duruyor, güçlükle konuşuyordu.

27 Şubat akşamı Çankaya Köşkü'nde Balkan Antantı üyeleri şerefine bir yemek verildi. Yunan Başbakanı Metaxas ve Yugoslav Başbakanı Stoyadinoviç Ata'nın davetlileri arasındalardı. Saat 20.00'de başlaması planlanan yemek için tüm konuklar gelmiş, ancak Atatürk, hiç adeti olmadığı halde gecikmişti. Herkes merakla davet sahibini beklerken, O da, odasında burnundan şiddetle akmaya başlayan kanın durdurulmasını bekliyordu. Yemeğe indiğinde bir süre konuklarıyla ilgilendi, sonra halsizliğini hissettirmemeye çalışarak elinde bir konyak kadehiyle bir kanepeye oturdu. Yanına İçişleri Bakanı Şükrü Kaya'yı çağırdı, "Konuşalım da bizi rahatsız etmesinler" dedi.

O gece davetliler arasında bulunan Dr. Asım Arar, Ata'nın bu halini görünce nihayet harekete geçmeye karar verdi:

Artık hastalığın, beklemeye tahammülü kalmamıştı.

ASIM ARAR
DOKTORU

"*O anda aylardan beri cereyan eden hadiseler, burun kanamaları, kaşıntılar, karınca hikayeleri, kendilerinde son zamanlarda müşahede ettiğim yorgunluk ve halsizlik, hülasa bütün bu vakalar kafamdan bir şimşek süratiyle geçti ve kendisinin bazen pek hudutsuz olan alkol iptilasını da bu hadiselere ilave edince, büyük bir yeis ve teessür içinde, sevgili Atatürk'ün aman vermez bir hastalığın pençesinde büyük bir felakete sürüklenmekte olduğunu düşünmeye başladım. Derhal kararımı verdim: Endişelerimi Hükümet erkanına haber vermek lazımdı. Aksi takdirde vazifemi yapmamış olacak ve derin bir manevi mesuliyet içinde kalacaktım*".

Dr. Arar, belki 1 yıl önce yapılması gereken bu uyarıyı o gece önce İçişleri Bakanı Şükrü Kaya'ya yaptı. Kaya, doktoru hemen

Başvekil Celal Bayar'ın yanına götürdü. Yemek sonrası suare sürerken yabancı konukların yanında panik halinde Atatürk'ün bir yıldır bekletilen tedavisi konuşuluyordu. Bayar, yabancı konuklardan izin isteyerek doktor Arar'la bir köşeye çekildi. Arar, Ata'nın burnundan gelen kanın ciğerden geldiği inancındaydı. "Eğer şüphelerim doğruysa durum vahim demektir" dedi. Bayar bu anlatılanları dikkatle dinledi ve "Ne yapalım" diye sordu. Dr. Arar, "Atatürk'ü ciddi bir muayeneye tabi tutmak, muntazam bir tedaviye başlamak ve rakı içmesini kesinlikle önlemek zorundayız" dedi. Ve yabancı bir hekim getirtilmesini önerdi. "Çünkü Atatürk bizlerin tavsiyelerine itaat etmiyor" diye ekledi.

Bayar ertesi sabah doğruca Çankaya'ya çıkıp, konuyu Atatürk'e açtı. Ata, henüz yeni kalkmış, robdöşambrı ile şezlongta oturuyordu. Sabahın o saatinde Başbakanını karşısında görünce "Hayrolsun, ne var" diye sordu. Bayar hemen konuya girdi:

"Hastalığınızı merak ediyorum. Biri Almanya'dan, diğeri Fransa'dan iki meşhur mütehassısın adını verdiler. İzin verin de bunları getirtelim".

Atatürk öneriyi dinledi ve itiraz etti:

"Ortada Hatay meselesi var. Hastalığım hariçte duyulursa fena olur" dedi.

O sıralar Hatay'da Türkiye ve Fransa'nın garantörlüğü altında müstakil bir cumhuriyet kurulması için aylarca önce kabul edilmiş bir anlaşmanın uygulanmasıyla ilgili olarak Cenevre'de çetin müzakereler yapılıyordu. Ankara'daki Fransız Büyükelçisi M. Ponsot daha 1937 Aralık'ında Hükümetine yazdığı raporlarda Atatürk'ün sağlık durumunun kötüye gittiğini bildirmişti. Ponsot, bu raporlarında "Büyük Adam'ın yakında göçüp gidebileceğini, Türk devlet gemisinin de birdenbire motorsuz ve dümensiz kalacağını" haber veriyor ve Fransız Hükümeti'ni böyle bir gelişme karşısında hazırlıklı olmaya çağırıyordu. Daha da ilginci Büyükelçi'nin şu satırlarıydı:

"Atatürk rahatsızlığı nedeniyle kimi zaman şaşırtıcı davranışlarda bulunmaktadır. Hükümet yetkililerini sürprizler karşısında bırakmaktadır. Bu durumda herhangi bir çılgınca veya ölçüsüz davranışta bulunursa, Fransa Hükümeti buna şaşmamalıdır".

Bu raporlar, belki de Hatay'da alınacak ani bir ulusal kararı, "Hasta bir adamın bir anlık çılgınlığı" olarak gösterme hazırlığıydı. Ancak, işin Atatürk'ü endişelendiren yanı da buydu. Bir yabancı doktor ziyaretiyle konu dünya kamuoyunda duyulursa, Hatay işi iyice zorlaşabilirdi. Bu yüzden yabancı hekim yerine Türk doktorlarından kurulu bir heyetin, ayrıntılı bir konsultasyon yapması daha uygun olacaktı. "Beni Türk hekimlerine emanet ediniz" sözü belki de o günlerde ve bu tür zorunluluklarla söylenmiştir.

Nihayet Türk hekimleri, emaneti 6 Mart 1938 günü aldılar.

Çankaya'da toplanan bu kurulda 5 doktor vardı:

Prof. Dr. Akil Muhtar Özden, Prof. Dr. Neşet Ömer Irdelp, Prof. Dr. Hüsamettin Kural, Dr. Asım Arar ve Dr. Ziya Naki Yaltırım...

Kurul, önce Köşk'ün kütüphanesinde kendi arasında bir toplantı yaptı. Verileri inceledi. Sonra doktorlar topluca kendilerini yukarı salonda bekleyen kıymetli hastalarının yanına çıktılar.

ASIM ARAR
DOKTORU

"Atatürk, üstünde koyu bir robdöşambr bulunduğu halde kanape üzerinde oturmakta idi. Yanında o zaman Başvekillikten çekilmiş olan Sayın İnönü vardı. Bizi böyle kalabalık bir heyet halinde görünce. 'Korkunç' demekten kendini alamadı.

"Bütün vücudunu, müsaadeleriyle uzunca bir muayeneden geçirdiğimiz zaman ayağının bileğinde hafif bir ödemin mevcudiyetini ve karaciğerde biraz büyüklük olduğunu müşahade ettik ve müzakere etmek üzere tekrar Köşk'ün kütüphanesine çekildik. Yarım saat kadar devam eden bu istişare neticesinde hepimizin nazarında Atatürk'ün hastalığının mahiyeti hiçbir şüphe ve tereddüt götürmez şekilde tahakkuk etmiş bulunuyordu. Hastalık, 'karaciğer atrofik sirozu' başlangıcıydı ve Atatürk, şifa bulmaz bu hastalığın tam manasıyla pençesinde idi".

Doktorlar, bu teşhisten sonra uzun uzun tedavi üzerine konuştular. Hastalığın sonunda mutlaka "ölüm" olduğunu hepsi biliyorlardı. Yapılabilecek tek şey, bu feci akıbeti mümkün olduğunca geciktirmekten ibaretti. Geciktirmenin yolu ise en başta, Atatürk'ü içmekten ve çok çalışmaktan alıkoymaktan geçiyordu.

Bu bulgularını bir rapor halinde kağıda döküp, Atatürk'e ve Hükümete sunmaya karar verdiler. Raporu Dr. Asım Arar kaleme aldı, doktorlar birer birer imzaladılar. Ve huzura çıkıldı. Takdim, yine Dr. Arar'a kalmıştı. Atatürk ayakta bekleyen doktora İnönü'yü göstererek, "Yüksek sesle oku da Paşa da duysun" dedi.

Artık bu eski dosttan yarasını saklamayacaktı.

ŞEVKET SÜREYYA AYDEMİR
YAZAR

"Bu sahne, Atatürk'ün, kendisinden bıktığı, ürktüğü, kendisinden uzak ve değersiz gördüğü bir insanla tertiplenecek bir sahne değildir. Bu sahnede, nice hatıralarla birbirine bağlı ve tarih içinde de bu hatıraları birbirlerinden ayrılmayacak olan iki eski silah arkadaşının, sanki bir muharebe meydanında birinin yaralanmasıyla akıbeti belli olunca, birbirlerinin gözlerine son ve derin derin bakışları gibi bir mana vardır. Bu mana, geçici hislerin, günlük çatışmaların, asabi ve değersiz yorumların, gerçekle ilgisi olmayan düzmece hatıra nakillerinin üstündedir ve onlardan değerlidir".

Atatürk için zor bir durumdu: Dünyaya hükmetmiş bir komutanın kaderi birazdan okunacak 8-10 satırda yazılıydı.

İnönü için de zor bir durumdu: Gücünün zirvesindeyken darıldıkları bir eski dost, şimdi hasta yatağındayken, akıbetine tanıklık etmesini istiyordu..

Ama asıl zorluk Asım Arar'ındı.

Atatürk ve İnönü'nün huzurunda o "kara rapor"u okuyacaktı.

Hem Atatürk'e o çok sevdiği rakıdan kesinkes vazgeçmesini söyleyecek, hem de bunu hemen yapmazsa kısa zamanda ölümün pençesine düşeceğini itiraf edecekti.

Doktor Asım Arar, okumaya başladı:

ASIM ARAR
DOKTORU

"Atatürk ara sıra başını sallayarak ve hiç sözümü kesmeden dinliyordu. Sıra son fıkralara ve bilhassa bundan sonra ispirtolu içkilerin kat'i surette memnu olduğu noktasına gelince, hafifçe gülümseyerek sordular:

'Bu içki yasağı ne vakte kadar devam edecek?'

'Yine böyle bir heyet toplanıp, içki kullanmakta mahzur olmadığına karar verinceye kadar' dedim.

Yüzündeki gülümseme alamati zail oldu".

PROF. DR. AKİL MUHTAR ÖZDEN
DOKTORU

"Bunun üzerine İnönü;

'Hep bildiklerimiz' dedi. Ama Atatürk alkolün tesirini kabul etmek istemiyordu:

'Ben alkolü çok eskiden beri kullanıyorum. Bir şey olmadı. Şimdiki hastalığıma başka bir sebep aramanız lazımdır' dediler.

Diğer arkadaşların bir şey söylemediklerini görerek ben cevabı verdim:

'Atatürk! Sizin birkaç defa sofranızda bulundum. Çok içiyorsunuz. Lakin bununla dimağı faaliyetinize hemen hiçbir şey olmuyor. Bunun sebebi şudur: İçtiğiniz alkolü çabuk yakıyor veya ziyansız bir şekle sokuyorsunuz. Bunu yapan en mühim uzvunuz karaciğerdir. Bugün karaciğeriniz hastalanmıştır. Artık vazifesini eskisi gibi göremeyecektir. Aldığınız alkol de sizi zehirleyecektir. Onun için bunu behemehal bırakmanız lazımdır'.

Yüzüme dikkatle bakıyor ve dinliyorlardı. Düşündüler.

'Peki' dediler".

Atatürk teşekkür etti, başıyla doktorlara "çıkabilirsiniz" işareti yaptı. El sıkıp çıktılar. Dinledikleri hiç hoşuna gitmemişti. İnönü'ye dönüp öfkeyle şunları söyledi: "Bunların hiçbiri bir şeyden anlamıyor. Ben rakı içmek için söylemiyorum ve icabederse yine içmeyeceğim. Fakat bunlara hastalığımın rakıyla hiçbir alakası olmadığını da ispat edeceğim".

Ata gerçekten de o günden sonra ölünceye kadar yani 9 ay süreyle ağzına içki koymadı. Ama bu teşhisin gecesi Yeni Sinema'ya ses sanatçısı Melek Tokgöz'ün konserine gitti.

Adeta tıbba direniyordu.

FALİH RIFKI ATAY
YAZAR

"Bir akşam Başvaver beni telefonla arayarak karımla beraber Atatürk'e akşam yemeğine davetli olduğumuzu bildirdi. Gittik. Birkaç kişi idik. Atatürk solgun ve sararmış, masaya oturdu:

'Ben hiçbir şey içmeyeceğim. Fakat siz bir şeyler içiniz. Bir müddet böyle yapalım' dedi.

Akşam sessiz ve neşesiz, O ve herkes kendi içine bükülmüş ve büyük bir sırrın karanlığına gömülmüş olarak geçti. Fırtınadan sonraki deniz gibi bitkin bir durgunluğu vardı. Dudakları güç oynuyordu. Şevk, O'nun bahçesinde son yapraklarını dökmüştü. O kadar güzel, ince dudaklarının tatlı ve ısıtıcı gülüşü, bir ıtır gibi uçmuştu. O akşam Çankaya'da dostlarıyla son sofrasıydı..."

ASIM ARAR
DOKTORU

"Mustafa Kemal gibi azimkar, hareketli, kahraman bir asker için yatağa bağlı kalarak derin bir mutavaat ile hekimlerin tavsiyelerine itibaa mecbur kalmanın ne kadar tatsız bir şey olduğunu kendisini yakından tanıyanlar pek iyi takdir ederler. Mamafih bu mutavaati temin etmek de pek kolay olmadı. Kendisinde kudret ve kuvvet hissettikçe, her şeyi göze alarak, yapılan tavsiyelerin haricine çıkmaktan çekinmediler. Ancak vücudunda büyük bir yorgunluk ve bitkinlik alametleri peyda olarak hareket kabiliyeti azaldıktan sonra idi ki, zavallı hastamız ister istemez hekimlerin vesayasına uyarak, tam manası ile bir yatak hastası olmak mecburiyetinde kalmıştı. Yalnız Türklüğün değil, bütün insanlığın iftiharına, gururuna

layık olan bu büyük adam, Sevgili Atatürk, bilenler ve hadiseye vakıf olanlar nazarında mezarın eşiğine gelmiş, zavallı bir hastadan başka bir şey değildi. Bu ne kadar hazin bir bilgi idi ki hepimizin vicdanlarını, kalplerini sarsan bir ıstırap halinde aylarca uzayıp gidecek ve bakışlarımızın bütün bu acı hakikatleri birbirimize ve yakınlarımıza ifadesine mani olamadığımız halde ağzımız ve dilimizle aksini söylemekte ısrar etmek ve herkesi buna inandırmaya uğraşmak gibi elim bir mecburiyet karşısında kalacaktık".

FALİH RIFKI ATAY
YAZAR

"Çankaya'da gurup vardı. Güneş, ufkun üzerinde artık kızarıyordu. Atatürk bizim elimizden, 20. asrın en büyük milli kahramanı milletinin elinden, bir büyük deha insanlığın elinden gidiyordu. Askerlikte ve politikadaki hiç şaşmaz sağduyusundan başka, bütün maddi manevi varlığında bir göçüş hali seziyorduk. Atatürk sonsuz ölüm ülkesinin eşiğinde idi. O'nun bir dönülmez yolda bizden uzaklaştığını yana yakıla anlıyorduk".

Türk doktorların muayenesinden yaklaşık 10 gün sonra Başbakan Bayar yabancı hekim meselesini yeniden açtı. Atatürk bu kez direnmedi:

'Çocuk' dedi, ne yapacaksan çabuk yap. Ben hastayım".

Ve nihayet Mart ortasında Paris Tıp Fakültesi öğretim üyelerinden Prof. Dr. Noel Fissenger Ankara'ya davet edildi. Fransız doktor, 28 Mart günü Çankaya Köşkü'nde Atatürk'ü muayene etti. Karaciğeri büyük buldu. Ayrıca karın boşluğunda bir miktar su (yani asit) toplandığını farketti. Ve karaciğer iltihabı teşhisi koydu.

Fissenger, bu teşhisten sonra Atatürk'e "anlayacağı dilden" durumun vahametini anlatmaya koyuldu:

"Karaciğer, bir orduda levazım tedarik eden, orduyu besleyen bir kıtadır".

Ama Fissenger, söze böyle girince Atatürk "Bilmediğin konuda konuşma" dercesine sözünü kesti:

"Bazen orduda levazım teşkilatı bozulur. Lakin orduyu yine beslemek mümkün olur. Onları bir tarafa bırakınız".

Fissenger bu zeka oyununu sürdürmeye kararlıydı. Devam etti:

"Ben sizi iyi ederim. Ama önce siz kendinizi iyi edeceksiniz. Siz, büyük savaşlar kazanan büyük bir komutan olabilirsiniz. Ama şimdi sizin komutanınız benim".

İşte beklenen, ama Türk doktorların bir türlü yapamadığı konuşma buydu. Atatürk, kendine meydan okuyan bu sevimli Fransızdan hoşlandı. Ne istenirse yapmaya söz verdi.

Fissenger bu sözü alınca isteklerini sıraladı:

"3 ay müddetle Atatürk 24 saatin 23'ünü bir şezlongta arka üstü yatarak geçirecek, çalışıp yorulmayacak, katiyen içki içmeyecek, beslenmesine dikkat edecek"ti. Fransız doktor, Köşk'ün aşçıbaşısı ile de görüştü. Kabızlık giderici ve selülozlu sebzeler tavsiye etti. Beyaz peynir, taze soğan ve özellikle tatlıyı çok yemesini öğütledi. Çok sevdiği kuru fasulyeyi sordular. "Sakıncası yok. Yiyebilir" dedi.

Gelir gelmez kumandayı ele alan bu yabancı, Köşk'te herkesi rahatlatmıştı. "Atatürk dediklerimi yaparsa 7-8 sene yaşaması mümkün" demesi yüreklere su serpti. Atatürk bile O'nun Ankara'da kaldığı 3 gün boyunca öğütlere harfiyen uymuştu. Önceleri doktorların sözünü dinlemez, kan ve idrar tahlili vermeye yanaşmazdı. Her gün içtiği sigara sayısı sorulunca doktorlarını aldatıyordu. "50 sigara içiyorum" dese 10'a indireceklerdi. O yüzden "200" diyordu. Ama artık bu çocukça oyuna da son vermişti. Üç ay her şeye katlanmaya razı görünüyordu. Yakınındakilere "Yalnız 3 ay içinse dayanırım" diyordu.

Fissenger'nin muayenesinin ertesi günü Ankara'dan Paris'e çekilen bir telgrafta aynen şunlar yazılıydı:

"Taze ananasın soyulup suyu sıkılması için aletler ve makine... stop... acele gönderilmesini saygılarımla dilerim. stop... Süreyya Anderiman...

Telgrafta tarif edilen ve Türkçede henüz karşılığı olmayan "Mikser" Paris'te bulunamadı. Büyükelçi Davaz cevabi mesajda şunları yazdı:

"Yaptığım tahkikat neticesinde sipariş buyurulan ananas suyu çıkarmaya mahsus aletin Paris ve Fransa'da mevcut olmadığı anlaşıldı. Bu alet Amerika'da ve Kaliforniya'da mevcutmuş. Sipariş edildiği takdirde az bir müddet zarfında celp edileceği temin olunmaktadır".

Anlaşılan Fissenger, Ata'ya, Fransız sömürgelerinde bol yetişen ananas suyu tavsiye etmişti. Artık sofrada sadece ananas suyu içilecekti.

Rakı tamamen yasaklanmıştı.

KILIÇ ALİ
KORUMASI

"Fissenger'nin bu tavsiyelerinden sonra Atatürk artık mutlak bir istirahate girmişti. Recep Zühtü Bey'in evvelce İngiltere'den getirip hediye ettiği bir koltuk vardı. Bu koltuk, uzanır, kısalır, sağa, sola arzu edilen şekil verilebilirdi. Rahatça kitap okuyacak, hatta yazı yazacak yerleri vardı. Atatürk hemen hemen bütün saatlerini bu koltuk üzerinde geçiriyordu. Devlet ve memleket işleriyle muntazaman meşgul oluyordu. Yalnız, ne şekilde olursa olsun gezmek, gezinmek yoktu.

Ekseri akşamlar Salih'i (Bozok) beni, Cevat Abbas'ı yanına çağırır, karşısına bir masa hazırlatırdı. Masanın üstü çiçeklerle süslenir, bizi o masaya karşısına oturtur, kendisi de koltuğuna sürülen masada olduğu halde hep beraber yemek yerdik.

Doktorlar çok tatlı yemesini tavsiye ettikleri için sofrada daima birkaç çeşit tatlı bulunurdu. Bazen evlerimizden hususi olarak aşure, helva gibi tatlılar yapıp getirdiğimiz de vaki olurdu.

Eski Meclis reislerinden Abdülhalik Renda'nın yaptırıp gönderdiği Yanya tatlısı ve Muhlis Erdener'in refikası Münire Hanım'ın yapıp gönderdiği nefis irmik helvası pek hoşuna gitmiş ve bunları arzusu üzerine tekrarlatmıştı.

Yemekten evvel veya yemek esnasında, iştahına uygun iyi bir yemek hazırlandığı vakit, derhal odasındaki telefonla aşçıya bu yemek ısmarlanır, yaptırılır, O'nu da bekler, yerdik. Bu ilk günlerin yemek ve iştah vaziyeti şayanı memnuniyetti".

Atatürk'ün fazla ortalarda görünmemesi ve Fransa'dan özel doktor getirtilmesi tabii, aylardır sağlığı üzerine üretilen dedikoduları hızlandırdı. Ankara'daki büyükelçilikler alarma geçirildi. "Çankaya'da neler oluyor" sorusu her diplomatik sohbetin ana konusu haline geldi.

Konu, artık gizlenemez hal alınca Hükümet, kamuoyuna bir açıklama yapma gereği duydu ve 30 Mart 1938 akşamı Cumhurbaşkanlığı Genel Sekreterliği, Anadolu Ajansı aracılığıyla şu açıklamayı yaptı:

"Türkiye Reisicumhuru Atatürk, geçen Ocak ve Şubat aylarındaki Yalova, Bursa ve İstanbul seyahatlerinde kuvvetli bir grip geçirmişlerdi. Ankara'ya avdetlerinde grip nüksettiğinden konsültasyon için Fransa'dan Prof. Fissenger davet edildi. Prof. Fissenger, tetkik ve muayene neticesinde, Atatürk'ün sıhhatlerinde ehemmiyete şayan bir vaziyet olmadığını tesbit etmiş ve kendilerine 1,5 ay kadar istirahat tavsiyesini kafi görerek avdet etmiştir".

Bu açıklama 1 Nisan tarihli Avrupa gazetelerinde geniş yer buldu ve Nisan ayı boyunca Ata'nın sağlığına ilişkin karamsar yazılar devam etti. Her ne kadar Atatürk, Nisan ayını genelde Köşk'te dinlenerek geçirip, biraz toparlandıysa da, özellikle Fransız basını, belki de Fissenger'den sızan bilgilerle hastalığın öyle sıradan bir grip olmayıp ciddi bir siroza dönüştüğü yazıp, çizmeye başlamıştı.

Fransızlar, özellikle Hatay sorununun bizzat içinde olduklarından, gözlerini Köşk'e dikmiş, Atatürk'ten haber almaya çalışıyorlardı. Sonunda Nisan sonunda Fransız radyosu "Atatürk'ün ağır hasta olduğu" haberini verdi. Türkiye'nin Paris Büyükelçisi hemen haberi tekzip etti; "Atamızın sıhhat ve afiyeti tamamiyle berkemaldir" dedi. Ama yayınlar kesilmedi. O kadar ki, artık Fransızlar, Atatürk'ün yerine Köşk'e kimin çıkacağı üzerine spekülasyon yapmaya başlamışlardı. Bu konuda bardağı taşıran haber 18 Mayıs 1938 günü İngiliz "Daily Telegraph" gazetesinde yayınlandı. Haber Beyrut'ta yayınlanan yarı resmi "Echo de Syrie" gazetesine atfen veriliyordu ve "Atatürk'e inme indiğini" bildiriyordu. Habere göre "devlet erkanı Ata'nın başucundan ayrılmıyordu. Atatürk artık Cumhurbaşkanlığı yapamaz haldeydi ve yerini Celal Bayar'a bırakmaya hazırlanıyor"du. Haber çıkar çıkmaz Avrupa'daki bütün Türk büyükelçilikleri harekete geçiyorlar, Anadolu Ajansı, tekzip üzerine tekzip yayınlıyordu ama herkes de biliyordu ki bu tür haberlerin tek bir tekzip şekli olurdu: Atatürk'ün ortaya çıkması...

Elbette bunu Atatürk de biliyordu.

Madem ki bütün dünya O'nun yatalak hale geldiğini sanıyordu, madem ki O'nun yaşayıp yaşayamayacağı konusunda kuşku bulutları vardı, o halde derhal mahkum olduğu bu lanet koltuktan kalkmalı, dünya aleme ölmediğini göstermeli, "Hâlâ varım. Yaşıyorum, yaşayacağım" demeliydi.

Hem son Cumhuriyet balosunda herkesin içinde Fransız sefirine "Milletime söz verdim; Hatay'ı alacağım. Namusum üzerine söylüyorum ki, o Türk toprağını Fransızlara bırakmayacağım. Sözümü yerine getiremezsem milletimin huzuruna çıkamam, yerimde kalamam. Ben şimdiye kadar yenilmedim, yenilmem; yenilirsem bir dakika yaşayamam, diye kükreyen kendisi değil miydi?

Öyleyse yenilmediğini, yaşadığını ispatlamalıydı.

Bir geceyarısı nöbetçi yavere emir verdi: "Yarın Mersin'e hareket" edeceğiz. Hazır olunuz"

Bu, tam bir güç gösterisi olacaktı.

Silkindiği gün, yine bir 19 Mayıs günüydü...

19 MAYIS 1938
"Bu kubbede kalan hoş bir seda"

19 Mayıs, O'nun doğum günüydü.

Kutlamalar için her zamanki şıklığı içinde stadyuma geldiğinde bütün gözler üzerindeydi. Tribünler tıklım tıklım doluydu. Saat 15.00'te şeref tribününe girince büyük bir alkış koptu ve ardından tezahürat başladı.

Bu, Ankaralıların O'nu son görüşleriydi ve o günün anısına "Ankara Stadyumu"nun adı "19 Mayıs Stadyumu" olarak değiştirildi.

Tören bitince doğruca Gar'a gitti ve özel treniyle Mersin'e doğru hareket etti.

İşte bu, tam bir çılgınlıktı. Üç ay boyunca her günün 23 saatini yatarak geçirmesi gereken bir adam, trenle Mayıs sıcağının kavurduğu Mersin'e gidiyordu. Birkaç hafta dinlenerek sağladığı geçici sıhhat belirtileri O'na cesaret vermiş, iyileştiğini sanmıştı. Hem Hatay sorunu böylesine sıcakken ve ülke O'na ihtiyaç duyarken nasıl yatıp dinlenebilirdi?

Trende adeta yataktan kalkışını meşrulaştırmak istercesine çevresindekilere şişen karnını gösteriyor, "Şişmanladım. Bakın, pantolonlarım dar gelmeye başladı" diyordu.

Karnında fazla kilo sandığı şey, aslında bir süre sonra O'nu yiyip bitirecek olan asitten başka birşey değildi.

Ve Mersin seyahati, bu yüzden O'nun için "son darbe" olacaktı.

KILIÇ ALİ
KORUMASI

"Atatürk trenden Mersin'e çıkar çıkmaz, hemen istasyonda bu halsizliğine bakmadan tam 40 dakika süren askeri bir geçit töreni emretti ve yaptırttı. Bu resmi geçidi, bütün devamı müddetince ayakta takip buyurdu. Fakat resmi geçidin sonlarına doğru halsizliğin, mecalsizliğin kendisine ıstırap verdiği, zorla, büyük bir kuvvet sarfederek ayakta durduğu görülüyordu. Bir aralık arkadaşım Salih'le (Bozok) dayanamadık. Hareketimizden dolayı belki hiddetleneceğini de göze alarak yanına sokulduk. Usulcacık, kimse duymadan ve hissetmeden bize dayanmasını istedik. Bunu yapmadı. Yalnız resmi geçidin süratle bitmesi için bizzat durduğu yerden,

'Marş...marş...'

kumandasını vererek geçidin bu suretle neticesini aldı. Bu 40 dakika ayakta durması kafi gelmiyormuş gibi resmi geçitten sonra ikametgahına tahsis edilmiş olan vali konağını adeti vechiyle şöyle bir gözden geçirdikten sonra şehrin medhalinde yeni yapılmış olan şimendifer makas tertibatını gezmek ve görmek için alakadarların yersiz ve lüzumsuz olarak yaptıkları ricayı da reddetmedi. O sıcak altında burayı da gidip gördü. Bu suretle hiç istirahat etmeden Mersin'e çıkar çıkmaz hayli yorulmuştu. Vali konağına döndüğümüz zaman adeta bitap bir haldeydi".

Özel fotoğrafçıları, geçit töreni boyunca çektikleri fotoğrafları, "Atatürk'ün sapasağlam ayakta, ordusunun başında" olduğunun kanıtları olarak dört bir yana gönderirken O, odasında bitkin yatıyordu.

O gün öğleden sonra hiç dışarı çıkmadı.

Ertesi gün Mersin'e 20 kilometre uzaklıktaki Viranşehir harabelerini gezdi. İyice yoruldu. Gece Vali'nin yemeğinde iki üç kez burnundan kan geldi. İçini kemiren hastalık, O'na kendini hatırlatıyordu.

22 Mayıs akşamı motorla Mersin kıyılarında bir deniz gezintisine çıktı. Nihayet orada biraz nefes alabildi. Akşam esintisi ve de-

nizin serinliği sayesinde keyiflendi. Bir gramofon bulunmasını emretti. Acele bulup getirdiler. Bir plak koydular. Hafız Mehmet'ti... Atatürk, Hafız Mehmet'i Riyaseti Cumhur Alaturka Musıki Grubu'ndan tanırdı. Söylediği birbirinden içli gazellerin hayranıydı. Ve hanende Hafız Mehmet geçenlerde vefat etmişti.

Atatürk, Akdeniz'in ortasında bir akşam vakti, sevdiği eski bir sesin yankılarını duyunca hüzünlendi. Dalıp, gitti. Plak bitince derin bir iç çekti ve yanındakilere;

"Çocuklar' dedi, 'gördünüz ya, bu kubbede kalan meğer yalnız hoş bir sada imiş..."

Yanındakiler, yüreklerinin ezildiğini hissettiler.

KILIÇ ALİ
KORUMASI

"Mersin'de bir müddet kaldıktan sonra Tarsus'a geçtik. Burada da bazı tetkiklerde bulunarak Adana'ya geldik. Yine istasyonda tam 1 saat 20 dakika süren bir askeri resmi geçit yapıldı. Atatürk yine ayakta durarak resmi geçidi baştan sona takip etti. O kadar yorgun ve halsiz bir duruma gelmişti ki, hiçbir zaman vaki olmamışken Adana Belediye bahçesinin içerisine ve oturacağı masanın yanına kadar otomobille gelmişti. Adana'da çok sıcak vardı. Oradaki tetkiklerinden sonra vagona girdiğimiz zaman ayakta duracak hali kalmamıştı. Pek yorgun ve mecalsizdi. Bir an evvel trenin kalkmasını ve halka veda edip derhal yatmayı adeta dört gözle bekliyordu. O kadar harareti vardı ki buzhaneden çıkarıp hediye ettikleri portakal sepetini tren kalkar kalkmaz yanına getirtti. Bir hamlede buz gibi 7-8 portakalı yedi. Her portakalı yedikçe bir kere 'Ohhh' çekiyordu. Bunları yedikçe adeta içi açılıyor, bir serinlik hissediyordu. Kendisi yediği kadar bana ve Salih'e de yedirdi. Sonra yatağına gidip yattı".

Atatürk'e son darbeyi vuran bu gezinin ardından yabancı basındaki hastalık haberleri kesildi. Kısa bir süre sonra da Fransız ve İngilizler Hatay konusunda tüm koşulları kabul ettiklerini bildirdiler.

Beklenen sonuç alınmıştı. Ama bu güç gösterisi Atatürk'ün canına malolacaktı.

Ankara'ya gelişinin ertesi günü İstanbul'a gitmek istedi. Devlet erkanı garda toplanmıştı. Son tren yolculuğuna çıkarken Ankara'ya ve Cumhuriyet'i birlikte kurduğu dostlarına da veda ediyordu.

FALİH RIFKI ATAY
YAZAR

"Garın salonuna kadar güçlükle geldi. Ayakta duramayarak oturdu. Yanımda bulunan Saracoğlu, 'Falih, Atatürk'ün derisinin rengine bak. Bu, bir ölü rengi' dedi. Bu, bir ayrılık çeşmesi vedaı idi.

Atatürk'ü bir daha geri gelinmeyen sefere yolcu ediyorduk".

27 MAYIS 1938

Alarm Zilleri

Atatürk'ün treni 27 Mayıs 1938 günü Haydarpaşa garına geldi. Daha önce ne zaman İstanbul'a gelse Ata, trenin sonundaki özel vagonundan iner, gara serili halılar üzerinden uzunca bir mesafeyi yürür ve kendisini bekleyen motora giderdi.

Bu kez öyle olmadı. Çünkü kırmızı halının serildiği mesafeyi yürüyebilecek durumda değildi. Bu yüzden O'nun vagonu hemen lokomotifin arkasına alınmıştı. Ve böylece Gardan motora kadar yürüyeceği mesafe mümkün olduğunca kısaltılmaya çalışılmıştı.

Gar binası dışında İstanbullular, hasta düştüğü söylenen Atalarını görebilmek için bekleşiyorlardı. Atatürk, onların önünde zayıf görünmemek için binadan çıkar çıkmaz motora binmedi. Neşeli ve zinde görünmeye çalışarak 20 dakika kadar eşyalarının yüklenişini izledi. Motorda halsizdi. Dolmabahçe Sarayı'na varır varmaz istirahate çekildi.

İki saat kadar dinlendikten sonra Saray'dan ayrılıp, otomobille Florya'ya gitti. Deniz Köşkü'nü gezdi. Kılıç Ali'nin evine uğradı. Yorgun ve neşesizdi. Birisiyle konuşurken soracaklarını alçak sesle yanındakilere fısıldıyor, onlar da bağırarak soruyu muhatabına iletiyorlardı. Bu takatsizlik içinde akşam saat 20.00 sıralarında Saray'a dönmek üzere Florya'dan ayrıldı. Otomobili Bahçelievler'e yaklaşmıştı ki birden fenalaştı. Kalp krizine benzer bir sancı göğsüne saplanmıştı. Yanındakiler telaşlandılar. Araba Bakırköy Hastanesi'nin yanındaki kaviste durduruldu. Kalbinden rahatsız olan

Salih Bozok, yanından ayırmadığı Trinitrin'inden bir tane çıkarıp, içirdi. Bir süre orada bekleyip, yeniden yola koyuldular. Arabada Atatürk sıkıntıdan gömleğinin bütün düğmelerini açmıştı. Saray'a vardıklarında adeta ayakları birbirine dolaşarak yürüyebiliyordu. Kılıç Ali ve Salih Bozok iki koluna girip asansöre kadar götürdüler. Artık merdiven çıkabilecek durumda olmadığından Dolmabahçe'de kendisi için gizli bir asansör yaptırılmıştı. Asansörle yukarı çıkarıp, yatağına yatırdılar. Yüzü kül rengindeydi. Telaşla Doktor Neşet Ömer İrdelp'e haber salındı. Ama İrdelp, Saray'a geldiğinde Atatürk, derin bir uykuya dalmıştı bile...

Ertesi gün Genel Sekreteri Hasan Rıza ile Doktoru Neşet Ömer odasına girdiklerinde Ata'yı kalkmış, banyosunu yapmış, sokağa çıkmaya hazırlanırken buldular. Aynada karnını incelemiş ve o şişkinlikten rahatsız olmaya başlamıştı. Şişmanladığını düşünüyor, vücudunun deforme olmasını önlemek için yürüyüşler yapmayı düşünüyordu. Yanındakilere ertesi gün için bir masör çağırmalarını söylerken doktoruna da "Bunu eritmek lazım" dedi. İrdelp izin isteyip, muayeneye girişti. Daha ilk temastan yüzünün aldığı biçimden, bir tatsızlık olduğu anlaşıldı:

HASAN RIZA SOYAK
GENEL SEKRETERİ

"Profesörün yüzü kırışmış, telaş eseri göstermeye ve terlemeye başlamıştı. Bu halinin Atatürk'ün gözünden de kaçmadığını farkettim. Muayenesini bitirince doğruldu ve Atatürk'ten birkaç gün istirahat etmelerini istirham etti. Atatürk hiç itiraz etmedi. Giyinip, sokağa çıkmaktan vazgeçti; şezlonga uzandı.

KILIÇ ALİ
KORUMASI

"Muayeneden sonra Atatürk Neşet Ömer Bey'den karnında ve ayaklarındaki şişliğin sebeplerini sordu. Zavallı Neşet Ömer Bey, Ata'nın bu sorgusu üzerine çok müşkül vaziyette kalmıştı. Ter döküyordu. Hastalığın vaziyetini tevile çalıştı ve;

'Barsaklarında ödem hasıl olmuş, su topluyor. Arka üstü yatmakla ve mudrir ilaçlarla önüne geçilmesi kabil olacaktır efendim' dedi.

Hocanın bu sözlerine Atatürk yalnız 'Yaaa..' demekle mukabelede bulundu. Profesör odadan çıkar çıkmaz o güzel dudaklarını bükerek bize döndü;

'Yahu' dedi, iş profesörün dediği gibi çıkarsa, adam ölür"

HASAN RIZA SOYAK
GENEL SEKRETERİ

"Yatak odasından çıktıktan sonra doktorun yüzüne baktım. Müteessir ve endişeliydi:

'Dünkü krizin kalple alakası yok' dedi, 'Bu tamamen karaciğere aittir. Bizde buna rüzgardan sonra yağmur derler. Maatteessüf karnı su toplamaya başlamış"

Korkulan başa gelmişti. Hastalık, bu zayıf vücudu kemirmeye başlamıştı. Bu işaretler, alarm zilleriydi. Artık Atatürk de, pençesine düştüğü felaketin, O'nu ölüme sürükleyeceğini hissediyordu. İşin ciddiyeti O'na hissettirilmemeye çalışılıyordu, ama O her şeyin farkına varmaya başlamıştı. Fransızca bir tıp sözlüğü buldurup, kendisine konulan teşhisi incelemişti. Karaciğeri büzüşmeye başlıyordu ve "artık günleri sayılı"ydı. İhtiyaten Saray'daki nöbetçiler kanlı canlı, gerektiğinde kan verebilecek erlerden seçilmeye başlandı.

Saray'ın dışında, cıvıl cıvıl bir bahar gülümserken, O'nun yaşamının en zorlu günleri başlıyordu.

O gece Başyaveri Salih Bozok günlüğüne şu satırları yazdı:

"29 Mayıs 1938

Vakit geceyarısını iki saat geçiyor. Atatürk çok hasta. Kati teşhisin uyandırdığı endişe, beni tarif edilmez derecede rahatsız ediyor. Adeta kendimden geçmiş bir haldeyim. Saatin bu kadar ilerlemiş olduğunu düşünemeyerek telefona sarılıyorum. Ankara'yı bulup veriyorlar. Karşıma çıkan bizzat Başvekil Celal Bayar.... Kendisine aynen şunları söylüyorum:

'Hastamızın vaziyeti iyi değildir. Korktuğumuz ihtilatlardan birisinin vukua gelmiş olmasına ihtimal veriyorum. Çünkü kilosu, nazari dikkatimi celbedecek kadar arttı. Karnında ve ayaklarında şişler var. Ne yapmak lazım geleceğini artık siz takdir edersiniz. Geceyarısından sonra rahatsız ettiğim için affınızı dilerim".

"Başvekil, vermiş olduğum haberden müteessir olmuştu. Titrek bir , sesle

'Anladım Salih' dedi, '..meşgul olacağım...'

"Ve hemen ertesi günü trene atlayıp, İstanbul'a geldi".

Bayar'ı Pendik istasyonunda Kılıç Ali karşıladı. Haydarpaşa'ya kadar Atatürk'ün sağlığını konuştular. Akıllarına gelen tek çare, sevimli Fransız doktoru yeniden çağırmaktı:

Fissenger'ye acele telgraf çekildi ve İstanbul'a gelmesi istendi.. "Hastası iyiden iyiye kötülemişti".

1 HAZİRAN 1938

Bir çocuk oyuncağı

1 Haziran 1938 herhalde Ata'nın yaşamındaki en mutlu günlerden biriydi. Aylardır beklediği Savanora, o sabah Dolmabahçe önüne demirlemişti. Atatürk, yat geldiği sırada İngiltere'den yeni dönmüş olan İş Bankası Genel Müdürü Muammer Eriş'le görüşüyordu. Yatı görünce dayanamadı, Eriş'i de yanına alarak saat 15.30'da doğruca bu yeni oyuncağına koştu.

Karaciğerinde büyüyen hastalık ikinci ve şifasız devresine girerken, O, ancak 55 gün kullanabileceği yeni bir saraya kavuşuyordu.

Savarona'yla birlikte Ata'nın son yazı başlıyordu.

Savarona, Amerikalı milyarder bir bayan için Almanya'da yapılmıştı. Yapımı sırasında sahibesinin parasal durumu bozulunca satışa çıkarılmıştı. Türk Hükümeti de Atatürk için bir yat yaptırma hazırlığındaydı. Eskiyen Ertuğrul yatı birkaç kez kaza tehlikesi atlatınca, yenisinin yaptırılması fikri doğmuştu. Ama Atatürk'ün sağlık durumu yeni bir yatın yapımını bekleyecek halde değildi. Bu yüzden Savarona'nın satışı haberi hızır gibi yetişti. Hemen görüşmeler yapılarak, 10 bin dolara malolan yat, 1 milyon 250 bin lira karşılığı satın alındı.

Atatürk, yatı gezerken gözlerine inanamıyordu. Savarona, geniş kabul salonları, lüks kamaraları, cimnastik salonu, kütüphanesi, müzik salonu ile adeta bir yüzer saraydı.

Ata, yakın çevresiyle birlikte hemen ertesi gün yata yerleşti. İki yakın arkadaşı olan Ali Fuat Cebesoy'la, Fethi Okyar'ı da Savarona'ya davet etti. Onlara yatı sevinçle gezdirirken birden mahzunlaşmış ve "Ne olurdu bu gemi elimize birkaç sene evvel geçmiş olsaydı" diye yakınmıştı.

Yatta geçirdiği ilk gece kamarasındaki boy aynasının karşısına geçti ve vücudunu incelemeye başladı. Karnı iyiden iyiye şişmiş, büyümüştü. Dostları da o gün, bu şişliği şişmanlama sanmışlardı. Atatürk, doktoru Nihat Reşat Belger'i çağırttı ve "Doktor" dedi, "bana 'şişmanlıyorsun' diyorlar. Fakat ben hissettim ki bu şişmanlama normal değildir. İşin içinde başka bir şey vardır. Bu, bir hastalıktır. Doktor, gördünüz; siz odaya girdiğiniz zaman ben aynanın önünde pantolonumu iliklemeye çalışıyordum ve buna muvaffak olamıyordum".

NİHAT REŞAT BELGER
DOKTORU

"Bu kısa ve kesin konuşmasında, bu 'doktor.. doktor' tekrarında büyük hastanın şekvası, bir derin kükreyiş yankısı gibi insanın içine işliyordu. Yüzüme o bildiğiniz heybetli ve nüfuzlu bakışları ile bir baktı. Ne kadar hazin bir manzara karşısında bulunduğumu tahmin edersiniz. Endam aynasının önünde kendi vücudunu dikkatle muayene etmek ne elim manaya geliyormuş. İşte O'nun bu sözlerinden ve bu bakışlarından anlaşılıyordu. O vakit duyduğum üzüntüyü bir bilseniz".

Doktor Belger, bütün gücünü toplayarak Atatürk'e hastalığının yeni bir devreye girdiğini haber verdi. "Bundan böyle tedavinize büyük bir itina göstermek zorundasınız" dedi. Reçete yine aynıydı: "Yatakta mutlak istirahat ve perhize harfi harfine riayet".

Atatürk çaresiz boyun eğdi. Ama ümitsiz bir çocuk gibi bir şeyi sormadan edemedi:

"Eğer ara sıra yatla gezersem, yataktan çıkıp, güvertede biraz dolaşmaklığım kabil midir?"

"Evet efendim; Ancak yorulmamak şartı ile, ayakta çok durmamak üzere..."

Nihat Reşat Belger o ilk muayeneden sonra şu reçeteyi yazdı:

"Savarona yatında deniz iklimi kuru faydalıdır. Ancak aşağıdaki şartların tatbik edilmesi elzemdir:

1. Sakin ve asude bir hayat geçirmek.
2. Dimağı ve bedeni her türlü yorgunluktan sakınmak.
3. 24 saatin 16 saatini ufki vaziyette istirahate hasretmek.
4. Evvelce tayin edilen rejime devam etmek: Yumurta ve yumurtalı gıdaları ve bir müddet yaş ve çiğ meyveleri yememek; şimdiki halde kuru fasulye, mercimek ve nohut gibi çok gaz yapan nisai maddelerden de içtinabetmek..."

KILIÇ ALİ
KORUMASI

"Yattaki ilk günlerde Atatürk yine doktorlarının tavsiyelerine o kadar ehemmiyet vermiyordu. Uzun oturmadan, yatakta yatmaktan sıkılıyordu. Karnı şişmekte olduğu için eski pantolonları uygun gelmiyordu. Yeniden kendisine yat kıyafeti yaptırmıştı. Beyaz pantolon üzerine lacivert ceket, ayağına beyaz iskarpin giyerek yatta gezer, oturur, bazen beyaz pantolonun üzerine Muammer Eriş'in İngiltere'den getirmiş olduğu beyaz, şık, yünlü süveteri giyerek, salona, güverteye çıkardı. Öğle ve akşam yemekleri ni yukarı salona çıkarak arkadaşlarıyla birlikte yiyordu. Halbuki yürümek, bilhassa da merdiven çıkmak asla doğru bir iş değildi. Daima yorucu hareketlerden sakınması lazımdı. Birçok gayret sarfedilmesine rağmen Atatürk'ün iştahı yoktu. Adeta zorla yemek yiyordu".

NİHAT REŞAT BELGER
DOKTORU

"Yatta bir iki fizyo terapi aleti vardı. Atatürk o gün bana, 'Doktor' dedi, 'acaba bunlardan istifade edebilir miyim?' Hissettim ki bu sualinde bir kontrol mahiyeti vardı. Hastalığı-

nın önem ve tehlike derecesini, kendisine verilecek müsaade cetveline göre ölçüp bir fikir edinmeye çalışıyordu.

'Şimdilik müsaade buyurun. Belki daha sonra bunu yapabilirsiniz, efendim' dedim.

Hiç ses çıkarmadı. Ama hissettim ki bu sözümden pek hoşlanmadı".

8 Haziran günü Fransız doktor Fissenger, çağrı üzerine ikinci kez Türkiye'ye geldi ve Savarona'da Atatürk'ü muayene etti. Son muayeneden bu yana Ata'nın sağlık durumuna ilişkin haberleri hep doktor Neşet Ömer Bey'den öğrenmiş ve kendisine ulaşan raporlardan hastanın durumunun düzelmekte olduğuna inanmıştı. Oysa 2. muayenede, yani ilk muayenesinden 2,5 ay sonra Atatürk'ün durumunun vahamete doğru gittiğini hayretler içinde gördü. Hastası iyiden iyiye kötülemişti ve bunun da en önemli nedeni, yaptığı o çılgınca Mersin seferiydi.

Hatay için canını ortaya koymuştu ve şimdi canı tehlikedeydi.

Fissenger'nin de talimatıyla bütün ziyaretler durduruldu. Ata'nın yorulmaması için artık yanına kimse alınmayacaktı. Yaverleri bile huzuruna nadiren gireceklerdi.

İşte o günlerde İsmet İnönü'nün ağır hasta olduğu haberi geldi.

Ve Fissenger apar topar Ankara'ya, İsmet Paşa'ya gönderildi.*

Fissenger, İnönü'yü muayene etti. Safra kesesi iltihaplanmıştı. Ancak Paşa şeker hastasıydı. Bu yüzden de ameliyatı çok tehlike-

* Bu konuda iki farklı rivayet vardır: Atatürk'ün çevresi, Fissenger'nin Ata'nın başından ayrılmaması gerektiği halde bizzat Atatürk'ün emriyle İsmet Paşa'ya gönderildiğini söyler. İnönü ise Hükümet'in dünya kamuoyuna "Atatürk hasta" görüntüsü vermemek için, Fissenger'nin kendisi için getirtilmiş gibi gösterildiğini yazar. İnönü'nün hatıratının bu bölümünü buraya aynen alıyoruz: "(Atatürk'ün) hastalığı ehemmiyet peyda ettikten sonra .. yahut bu dışarda anlaşıldıktan sonra Atatürk'ün hali tekrar değişti. Benimle temas(ın) kendisini ve hükümeti zayıflattığı zehabına düştü. Teması istemez oldu. Adana'dan geldiği gün istasyonda iyi görüştük. Ertesi gün İstanbul'a giderken selam vermedi. Hastalığı artık meydanda idi. İstanbul'da uzun müddet yatta kaldı. Bu esnada (Haziran 1938) ben hastalandım. Ölüm tehlikesi geçirdim. Atatürk alakadar oluyordu. Etrafı daha çok alakadar oluyor, 'iyileşecek miyim, ölecek miyim' bunu öğrenmeyi pek istiyorlardı. Hükümet Atatürk'e Fissenger'yi tekrar getirmek istiyordu. Kendisi istemiyordu. Benim için getirmiş oldular".

liydi. İlaç tedavisi önerip, İstanbul'a döndü. Atatürk'ü son bir kez muayene ettikten sonra da Fransa'ya dönmek istediğini bildirdi. Bayar ve diğer Hükümet erkanı, bir hafta-10 gün daha kalmasını rica edince Fransız profesör şu yanıtı verdi:

"Bırakın döneyim. Bir gün daha kalacak olursam, ben O'nun dediklerini yapmaya başlayacağım. Öylesine tesiri altındayım..."

Fissenger, muayene raporunu hazırlarken Atatürk İçişleri Bakanı ve CHP Genel Sekreteri Şükrü Kaya'yı çağırttı ve doktorların ne dediklerini sordu. Kaya, "Bağırsak ve karaciğer rahatsızlığı" dedi, perhiz, istirahat ve tedavi ile geçer diyorlar. Galiba suyun alınmasına da karar verildi".

"Suyun alınması" lafı Atatürk'e her şeyi anlatmaya yetti. O tıp sözlüğünde okuduğuna göre, ancak hastalığın ileri aşamalarında karından şırıngayla su alınıyordu. O halde iş, ciddiye binmiş demekti. Şükrü Kaya'ya şu talimatı verdi:

"Bu akşam Fissenger senin davetlin olsun. O'nu Florya'ya götür. Çay içer, baş başa konuşursunuz. Ama her şeyi, her şeyi konuşursunuz".

Bu "her şeyi" sözcüğünün altında yatan anlam belliydi: Atatürk, ne kadar ömrü kaldığını öğrenmek istiyordu. Önlem almalıydı.

Akşam Şükrü Kaya, bu zor soruyu Fissenger'ye olanca açıklığıyla sordu:

"Doktor! Ben İçişleri Bakanıyım ve Atatürk'ün partisinin Genel Sekreteriyim. Muayenesinde, konsültasyonlarda bulundum. Meslekten değilim. Bir şey anlayamadım. Şimdi sizden şunu öğrenmek istiyorum: Atatürk bu hastalıktan ölür mü? Ve ne vakit ölebilir? Bana bu soruları Hükümet de, Parti de, Meclis de soracaktır".

Profesör Fissenger, önce Atatürk'ü öven cümlelerle lafa girdi. Sonra da durumu şöyle tanımladı:

"Şimdi, hepimiz kazaya uğramış bir geminin içinde bulunuyoruz. Başımıza gelecek felaket beni de sizin kadar müteessir etmektedir. Atatürk, tıbbın müdahalesi ve tabiatın yardımıyla daha iki yıl yaşayabilir. Tıp tarihinde bunun misalleri çoktur. Ama şimdi yata döneriz, barsak ya da beyin kanamasından Atatürk'ü ölmüş de bulabiliriz. Onun için siz Cumhuriyet'in selameti için gereken tedbirleri şimdiden alınız".

Ertesi sabah Şükrü Kaya, bu hazin görüşmeyi Atatürk'e nakletmeye gitti. Neyi, nasıl açıklayacağını bilemezken Atatürk, konuyu kısa kesti:

"Her şeyi, ama her şeyi görüştünüz mü?"

"Evet, efendim..."

"Öyleyse Ankara'ya dön, işlerinle uğraş".

Artık, acı sonu O da biliyor ve Türkiye'yi kendisinden sonrası için hazır olmaya davet ediyordu.

O günlerde bir akşam Savarona'dan Cenevre Üniversitesi'nde okumakta olan Afet İnan'a şu mektubu yazdı:*

"Afet,

Hasan Rıza Soyak ile benden mektup beklediğini bildirmiştin. Arzun, her zaman hatırımdadır. Vaziyetim şudur: Bence doktorların yanlış görüş ve hükümleri sebebiyle hastalık durmamış, ilerlemiştir.

Vakitsiz ayağa kalkmak, yürümek, hususiyle burunda yapılan atusman üzerine gelen kusma neticesi; yapılan istirahatleri hiçe indirmiştir. İstanbul'a gelince Hükümet reyimi almaya lüzum görmeksizin Fissenger'yi getirtti. Yeniden tetkik, muayene yapıldı. Karaciğeri eski halinden farksız ve karnı birkaç kiloluk müterakim su ve gaz dolayısıyla şişkin ve defigüre bir halde buldular. Şimdilik Temmuz 15'e kadar yeni tedavi ve yeni rejim tahtında kesin olarak dinlenmeyi zaruri buldular. Bunun esası da yatak ve şezlong istirahatidir. Bu müddet sonunda Fissenger tekrar gelecektir.

Ahvali umumiyem iyidir. Tamamen iadeyi afiyet ümit ve vaadi kuvvetlidir. Senin için asla mucibi merak ve endişe olmamalıdır. Serinkanlılıkla imtihanlarını vererek muvaffakiyetle avdetini bekler ve muhabbetle gözlerinden öperim".

* 14 Haziran 1938 tarihli bu mektup, bu kitabın da temel iddiası olan "teşhiste gecikme" gerçeğinin Atatürk'ün ağzından itiraf edildiği tek belgedir. Her nedense bazı kaynaklarda buraya aldığımız ilk paragrafa yer verilmemiştir.

HAZİRAN 1938

Halka ve Kabinesine veda

Fissenger gider gitmez, Savarona'da disiplin yeniden alt üst oldu. Atatürk, eski yoğun hayatına döndü. Kabuller, görüşmeler, toplantılar birbirini izliyordu. Başbakan Bayar, Dışişleri Bakanı Tevfik Rüştü Aras, İçişleri Bakanı Şükrü Kaya o günlerin en sık ziyaretçileri arasındalardı. 19 Haziran'da Savarona çok üst düzey bir ziyarete tanıklık etti. Yatıyla Ege'de bir gezintiden dönen Romanya Kralı Karol, İstanbul'a uğramış ve Atatürk'ü ziyaret etmek istemişti. Prof. Dr. İrdelp'in izin vermesiyle Savarona'da bir kabul düzenlendi. Atatürk beyaz pantolonunu ve deniz mavisi ceketini giydi. Ama şıklığı, halsizliğini örtmeye yetmiyordu. Doktoru İrdelp, görüşme boyunca hemen yanıbaşındaydı. Misafir gelip de şerefe kadehler kalkacağı zaman bütün gözler Dr. İrdelp'e döndü. Zavallı doktor, Atatürk'ün mahzun bakışları karşısında bir parmak içkiye izin vermek zorunda kaldı. Kadehler dolarken Atatürk, parmağını yanlamasına değil, dikine tuttu ve İrdelp'e dönerek "Doktor, 'bir parmak' demiştin, değil mi?" diye sordu.

Hâlâ hastalığıyla alay edebiliyordu.

Haziran'ın sonuna kadar Savarona, nice ikili görüşmeye ve Bakanlar Kurulu toplantısına evsahipliği yaptı. 20 Haziran'daki toplantı tam 4,5 saat sürdü. Gündemde yine Hatay vardı. Gerçi Hatay'da müstakil bir devlet için anlaşma imzalanmıştı ama henüz uygulamaya konmamış, Hatay'a Türk askerinin ne zaman gireceği karara bağlanamamıştı. Nihayet Temmuz başında bir Cumartesi akşamı Fransızlarla müzakereleri yürüten Genelkurmay İkinci Başkanı Asım Paşa'dan müjdeli haber geldi: "Fransızlar'la tarih konusunda anlaşılmıştı".

Atatürk çok sevindi. Ama sabırsızdı. Uğruna canını ortaya koyduğu bu davanın bir an önce sonuca kavuşmasını görmek istiyordu. Bu yüzden hemen, 4 Temmuz Pazartesi günü Türk ordusunun Hatay'a girmesini emretti. Ancak, günlerden Cumartesi'ydi ve haftasonu Fransızlarla durumu müzakere edip formaliteleri tamamlamak imkansızdı. Ama Atatürk mazeret dinlemedi.

"İmkansızı istiyordu". O istediğine göre de yapılacaktı.

Devreye Dışişleri Bakanı Tevfik Rüştü Aras girdi. Fransız meslektaşını aradı. Fransa Dışişleri Bakanı, konu kendisine iletilince Atatürk'ün şahsına duyduğu saygıyı anlattı ve elinden geleni yapmaya söz verdi. O gün Fransız Dışişleri'nin ilgili büroları belki de tarihlerinde ilk kez bir Pazar mesaisi için göreve çağrıldılar. Fransız Savunma Bakanlığı'yla temas ederek Türk Ordusu'nun Hatay'a giriş kararını Atatürk'ün istediği gibi Pazartesi günü için onayladılar.

Bu mucizevi işlem sonunda Pazartesi günü Türk Ordusu Hatay'a girdi. Atatürk mutluluktan uçuyordu.

Hatay O'nun son davasıydı. Ve işte o dava da düşmüştü.

Tabii kendisiyle birlikte...

9 Temmuz günü Bakanlar Kurulu'yla 3 saatlik bir toplantı yaptı. Bu, O'nun başkanlığında yapılan son Bakanlar Kurulu toplantısı oldu. Ve ardından zaferini kutlamak üzere Acar motoruna geçerek Boğaz'da gezintiye çıktı.

Yürümesine bile izin verilmeyen bu hasta adam, artık hiçbir akıbetten korkmaksızın Boğaz'ın sularında sarsılarak rüzgara karşı kanat açıyordu.

HASAN RIZA SOYAK
GENEL SEKRETERİ

"Florya'da kendisini motorun küpeştesinde gören halk, etrafını sararak sevgili liderlerine tasavvurun üstünde coşkun gösterilerle

sonsuz bağlılıklarını belirtmişler, Boğaz'ın her iki kıyısını da bir anda dolduran sayısız vatandaş da saatlerce sevinç nidaları ve sürekli alkışlarla Boğaz'ı inletmişlerdi".

"Bu gezi aklımda kaldığına göre 5-6 saat devam etti. İlk saatlerde pek neşeli görünen, durmadan konuşup, gülen, motorun küpeşteşinden, derin bir aşk ile sevdiği halkı mütemadiyen selamlayan Eşsiz Önder, gezintinin sonuna doğru motorun küçük salonuna girerek adeta çöker gibi bir koltuğa oturmuş, derhal, son süratle geri dönme emrini vermiş, yorgun ve takatsiz derin bir düşünceye dalmıştı.

"Bu da O'nun sevgili vatandaşlarıyla temas halinde yaptığı son gezintisidir".

Bu gezi sırasında Ülkü'den özenip, birkaç dondurma da yiyen Atatürk, o gece yüksek ateşle kavruldu. Muayene ettiler, ateşi 39'u aşmıştı. İçten içe eriyordu. Acele Fransa'ya Fissenger'ye haber salındı. Fransız Doktor apar topar üçüncü kez geldi. Ama artık O'nun da yapabileceği bir şey kalmamıştı.

Atatürk artık Savarona'daki yatağında esirdi. Günlerini odasında Ülkü'yle oyalanıp, gramofon çalmakla geçirir olmuştu. Dostları, sabahları uyandığını odasından gelen plak sesinden anlıyorlardı.

Bir gün, herkesi gözyaşına boğan şu sözler, dudaklarından dökülüverdi:

"Bu yatı, bir çocuğun oyuncağını beklemesi gibi beklemiştim. Meğer bana bir hastane olacakmış".

KILIÇ ALİ
KORUMASI

"Yarabbi, ne acı günlerdi. Düşündükçe hâlâ burnumun direği sızlıyor. Pek ağır bir hastalığın ıstırabı ve ümitsizliği içinde bulunan Atatürk, hâlâ etrafından ıstırabını saklamaktaydı. Sıhhatli, zinde günlerindeki şetaretini bırakmamak için ne kadar kuvvet sarfetmekteydi. O hasta halinde bile ne kadar güzel, ne kadar yakışıklı adamdı. Şık giyinmiş, en güzel çiçeği yakasının iliğine iliştirmiş,

sevimli Ülkü'sünü kucağına alıp, çaldırdığı şarkıları dinleyen ve bazen şarkılara bizzat iştirak ederek beşuş görünmek isteyen, yaradılışı itibarıyla güzel, sevimli olan bu büyük adam, günden güne ölüme daha ziyade yaklaşıyordu. Buna rağmen gösterdiği metanet, daha doğrusu ölümle pençeleşmesi, gözümüzün önünde hergün, hatta saatten saate biraz daha etinden, renginden kaybetmesi bizim gibi yakınında bulunanlar için hayatı, ölümden farksız bir cehennem haline koymaktaydı. Bütün günlerimiz odalarımıza kapanarak gizliden gizliye, birbirimize dahi göstermeden ağlamakla geçiyordu. Elden başka bir şey gelmiyordu. Vaziyetimiz çok müşküldü: Bir taraftan tehlikenin elem ve ıstırabı bizi eritiyordu. Diğer taraftan da bu elem ve ıstırabı harice hissettirmemek ve etrafın kuvvei maneviyesini sarsmamak lazımdı. Bunlar dayanılabilecek haller miydi?"

HASAN RIZA SOYAK
GENEL SEKRETERİ

"Bir gece ateşin şiddetinden bunalıp, güverteye çıktığını ve bir şezlonga uzandığını haber verdiler. Derhal yanına gittim. Arkamdan Ali Kılıç ile Sabiha Gökçen de geldiler. Sıcak ve ateşten çok mustarip olduğu, biraz serin havaya muhtaç olduğu belliydi. Bu itibarla kendisine hak vermemek kabil değildi. Ne çare ki orada uzun müddet kalması da katiyen doğru olmazdı. Güverte cereyanlı, hava rutubetliydi. Üşütüp bu yüzden mevcut rahatsızlığa bir de soğuk alma gibi herhalde çok tehlikeli olacak bir unsurun daha katılması ihtimali vardı. Kalbim sızlayarak içeriye girmesi için ricaya başladım. Yanındakiler de bana yardım ediyorlardı. İlk anlarda ricalarımı şiddetle reddediyor, ne olursa olsun güvertede kalmak istiyordu. Ben de derece derece yalvarmalarımı artırıyor, mümkün olduğu kadar kırılmamasına dikkat ederek, hareketinin doğru olmadığını ve muhtemel tehlikeyi anlatmaya çalışıyordum".

KILIÇ ALİ
KORUMASI
"Atatürk, 'Boğuluyorum o odada, orada daha fazla oturamayacağım' diyordu. İçeri girmesi için yalvardık. Yatmaktan, hararetten, bilhassa karnında toplanan sudan o kadar bizar hale gelmişti ki, kendisini bir türlü ikna edemedik. Bütün ısrarlarımıza cevaben: 'Ne olacaksa artık olsun' diyordu.

Nihayet yalvarmalarımıza dayanamadı, ayağa kalktı ve bir cehennem, bir nevi mahbes telakki ettiği odasına doğru yürümeye başladı. Fakat daha birkaç adım attıktan sonra, tam güverteden salona gireceği sırada daha fazla yürüyemedi ve tekrar orada, salon kapısının önünde bulunan koltuklardan birine kendisini attı. Belliydi ki ateşi çok yükselmiş olduğu için yürüyemiyordu. Hemen koltuğa yastıklar koyduk. Oracıkta rahatını temine çalıştık. Bu esnada bana hitabederek;

"Kılıç Ali' dedi, 'annene telefonla sor. Bu ateşimi, bu sıkıntıyı geçirecek bir ev ilacı biliyor mu, öğren'.

Derhal kalktım. Yattan telefon ettim. Annem bana gül sirkesi koymamızı tavsiye etti. Ve vaktiyle yapılmış olan bir şişe gül sirkesini gönderdi. Bu gül sirkesini, içine buz koyarak soğuttuktan sonra küçük bezleri onunla ıslatarak başına, bileklerine soğuk soğuk koyuyor ve ateşini tahfif etmeye çalışıyorduk. Hakikaten bu gül sirkesi o aralık ateşini düşürmüş, sıkıntılarını azaltmış, kendisine o geceyi iyi geçirtmişti. Ertesi sabah yanına girdiğim zaman;

"Annene teşekkür ederim' dedi, 'ilacı beni çok açtı....".

Ama bunlar hep geçici rahatlamalardı. Atatürk, Temmuz sıcağında Savarona'nın basık tavanlı kamarasında kavruluyordu. Bir parça rahatlasın diye odasının köşelerine sandıkları içinde kalıp buz parçaları kondu. Uyandıkça bunlara bakıyor, "Benim barsaklarım da sular içinde yüzermiş. Böyle insan yaşar mı?" diye söyleniyordu.

Sonunda Savarona'da daha fazla kalamayacağı anlaşıldı. Bu yüzen sarayda ancak 55 gün geçirebilmişti. 23 Temmuz günü yatla son bir Boğaz turu attı ve 25 Temmuz geceyarısı Dolmabahçe'ye taşındı.

Yürüyecek halde değildi. Saray'a girişini kimsenin görmemesini istiyordu. Bu yüzden Genel Sekreteri Hasan Rıza Soyak önceden rıhtıma çıkarak sahildeki ışıkları söndürttü. Nöbetçi ve hizmetçileri de uzaklaştırdı. Atatürk sedyeyle taşınmaya kesinkes itiraz ediyordu. Israr edenlere hiddetlendi. Bunun üzerine Acar motorundaki hasır koltuk getirtildi. Bu koltuğa oturup bir prova yaptı. Koltuğu sağdan Kılıç Ali, soldan Muhafız Komutanı General İsmail Hakkı Tekçe, arkasından da Faik adlı genç bir sivil polis tuttular. Atatürk bir elini Kılıç Ali'nin, diğer elini de Tekçe Generalin sırtına koydu. Kaldırıldı.

Sarsılmadan, Savarona'dan İstanbul motoruna bindirildi. Motor Saray kapısına yanaştı. Bu arada doktoru Neşet Ömer Bey, sürekli Ata'nın nabzını kontrol ediyordu. Kıyıdan yeniden kaldırıldı ve Saray'daki asansöre kadar taşındı. Asansör salona çıkınca, Atatürk daha fazla taşınmak istemedi. Yürüyerek kendisi için hazırlanan 71 no'lu odaya kadar gitti ve gider gitmez de kendini yatağa attı, derin bir "ohhh" çekip, "Dünya varmış" dedi, "hakikaten burası yattan daha serin...".

Hastalığı, 3. ve son aşamasına böylece girmiş oluyordu.

TEMMUZ 1938

"..benim için O'nun yüzünü öper misin?"

Atatürk, Dolmabahçe Sarayı'nda Mavi Salon'un yanındaki odaya yatırıldı. Bu odada eskiden Sultan Reşat yatardı. Yüksek tavanlı ve üç penceresinden denizi gören bir odaydı. Pencereler ince işlemeli kumaş perdelerle süslenmişti. Yerler parke döşemeydi. Duvarlarda, mavi zemin üzerinde sarı renkli irili ufaklı yıldızlar parıldıyordu. Tavandan da kristal bir avize sallanıyordu.

Bu odada Atatürk ceviz ağacından oyma bir karyolada yatıyordu. Yatağın başucunda bir komodin, ayakucunda da bir şezlong vardı. Hemen karşısında geniş, kristal aynalı bir dolap yükseliyordu. Pencere önlerinde ise mavi Hereke kumaşıyla kaplı koltuk ve sandalyeler vardı. Köşeye yastıklı bir sedir konmuştu.

Arada bu nisbeten küçük odada sıkıldığında Pembe Salon'a taşınıyordu. Pembe Salon çok daha geniş ve görkemliydi. Yatak, balkona yakın bir yere yerleştirilmişti. Ancak bu salonun tek dezavantajı banyoya uzak oluşuydu. Atatürk banyoya geçerken yoruluyordu. Buna da pratik bir çare bulundu. Sarayın duvarı özenle delinerek yandaki banyoya bir geçit yapıldı. Bu geçidi gizlemek için de yatağın yanıbaşındaki Fransız stili aynalı dolap kullanıldı. Dolabın arkası söküldü ve duvara yanaştırıldı. Böylece Atatürk dolabın kapağını açıp, içine girince kestirmeden banyoya geçmiş oluyordu.

Atatürk bu ferah atmosfer ve yata göre çok daha serin olan Saray ortamında ilk günler bir nebze rahat etti. O rahatlıkla da yeniden kabullere ve görüşmelere başladı. O dönemde en çok yanında olanlar Başbakan Celal Bayar, İçişleri Bakanı Şükrü Kaya, Dışişleri Bakanı Tevfik Rüştü Aras ve Genelkurmay Başkanı Mareşal Fevzi Çakmak'tı.

Ancak yaz sıcağı bastırdıkça sıkıntıları yeniden artmaya başladı. Yaverleri çaresizlik içinde yatak odasının pencere ve duvarlarına bahçeden hortumla su sıktırıyor, böylece sıcağın etkisini önlemeye çalışıyorlardı, ama nafile... Hiçbir önlem işe yaramıyordu.

Bunun üzerine Hükümet, Atatürk için bir "Konsültasyon Kurulu" oluşturulmasına ve hastayı sürekli olarak bu kurulun bakım altında tutmasına karar verdi. O güne kadarki bakımında gözlenen dağınıklığın önlenebileceği umuluyordu. Prof. Dr. Nihat Reşat Belger, Prof. Dr. Neşet Ömer İrdelp, Operatör Prof. Dr. Mim Kemal Öke, Ord. Prof. Dr. Akil Muhtar Özden, Sinir hastalıkları mütehassısı Prof. Dr. Hayrullah Diker, İç Hastalıkları Mütehassısı Prof. Dr. Süreyya Hidayet Serter, Sağlık Bakanı Dr. Hulusi Alataş ve Bakanlık Müsteşarı Dr. Asım Arar ile Dr. Abravaya Marmaralı ve Dr. Kamil Berk'ten oluşan 11 kişilik konsültasyon kurulu 30 Temmuz günü saat 15.00'te Atatürk'ün muayenesi için Saray'da toplandılar.

Herkes iyi bir haber için gözlerinin içine bakıyordu:

DR. ASIM ARAR
SAĞLIK BAKANLIĞI MÜSTEŞARI

"Saray'da temas ettiğimiz kimselerin hepsi meyus bir halde idiler. Her ağızdan bir şey duyuyorduk. Umumi Katip, Hususi Kalem Müdürü, Başyaver gibi dairenin amirleri ve Atatürk'ün yakınlarının her biri bir şeyden şikayet ediyorlardı. Şikayetler, Atatürk'e iyi bakılmadığı ve lazım gelen ihtimamın gösterilmediği hususunda birleşiyordu".

KILIÇ ALİ
KORUMASI

"Atatürk'ün hastalığı günden güne vahimleşiyor, ıstırabı ve su tazyiki dolayısıyla sıkıntıları çoğalıyordu. İdrar da günden güne daha ziyade azalmaya başlamıştı ki bunların hiçbiri hayra alamet değildi. Atatürk'ün karnı günden güne büyüyordu. Bu büyüklük artık tamamen göze çarpıyordu. Bundan dolayı aziz Atatürk artık yatmakta ve teneffüs etmekte müşkülat çekmeye başlamıştı".

PROF. DR. AKİL MUHTAR ÖZDEN
DOKTORU

"Yatağın ayak ucunda Afet ve Sabiha Gökçen hanımlar var. Hastayı görüyoruz. Çok zayıflamıştır. Yüzünde, aşikar acı düşünceleri olduğunu gösteren alametler var. Ödem aşikar. Kasıklara kadar hafif bir surette çıkıyor. Çok asit var. Kalp zafiyet göstermiyor. Kendisi karnından şikayet ediyor. Bir de sağ baldır nahiyesindeki uyuşukluk hissini anlatıyor".

Doktorlar, muayeneden sonra konsültasyon için ayrı bir odada toplandılar. Hastanın karnındaki asit çoğalmıştı. Ara sıra ateşleniyordu. Asitin karından şırıngayla alınmasından sözedildi. Ama bunun tehlikesi düşünülerek ertelendi. Karın ağrılarına karşı ilaç verilmesi kararına varıldı.

Bu konsültasyon sırasında odaya Ata'nın yanındaki zevat da girip çıkıyordu. Prof. Akil Muhtar Özden, konsültasyon sırasında yapılan konuşmaların Ata'ya iletilmemesini rica etti. "Sağlığını olumsuz yönde etkileyebilir" dedi. Ama bu öğüde uyulamadı. Çünkü Atatürk her şeyi bilmek istiyor ve en ince ayrıntısına kadar sorular soruyordu.

Orada doktorlar bir başka sürprizle de karşılaştılar. Tedavi için yurtdışından iki hekim çağrılmıştı. Bunlardan biri Berlin Tıp Fakültesi Dahiliye Kliniği Direktörü Gustav Bergmann, diğeri ise Viyana Tıp Fakültesi öğretim üyelerinden Hans Eppinger'di. Bu iki profesör de karaciğer hastalıkları konusunda uzmandılar. Bu durumda Türk doktorlar, kesin karar için bu iki yabancı hekimin yapacağı muayenenin de beklenmesi kararına vardılar. Hatta Fissenger'nin de yeniden çağrılması düşünüldü.

Sonunda 31 Temmuz günü önce Dr. Eppinger İstanbul'a geldi ve diğer meslektaşını beklemeden hemen Atatürk'ü muayene etti. İlk tepkisi, kötü bir Fransızcayla "Un cas triste" (Güç bir vak'a) demek oldu. Daha önceki doktorlarına hiç danışmadan kendince bir kür uygulamaya soktu. Atatürk'e bol bol kavun karpuz yedirdi. Sonunda hasta ishal oldu ve karın ağrıları iyice arttı. Atatürk yanındakilere, bu doktordan hiç memnun kalmadığını söyledi.

Almanya'dan davet edilen Prof. Bergmann, Avusturyalı meslektaşından bir gün sonra geldi ve o da, hastayı muayeneyle işe koyuldu, bambaşka bir kür uygulamaya koydu. Atatürk'ü rendelenmiş elma rejimine soktu. Bu kez de sonuç kabızlık oldu.

Durum inanılır gibi değildi. Bir gün, 11 kişilik koca bir doktorlar heyeti hastayı muayene ediyor, teşhisler koyup, tedaviler öneriyor, ertesi gün bir başka doktor gelip, bambaşka bir yöntem uygulamaya koyabiliyordu.

Sonunda Türk ve yabancı hekimler birarada toplanıp, son bir rapor yazmaya koyuldular. Adeta her kafadan bir ses çıkıyordu. Raporu Nihat Reşat Bey yazıyor, Prof. Dr. Akil Muhtar o sırada Atatürk'ün Genel Sekreteri Hasan Rıza'yla sohbet ediyordu. Prof. Neşet Ömer, bu duruma kızarak "Yahu masa başına gelsenize şu işi bitirelim" diye bağırdı.

Bu tablo anında içerde yatan Atatürk'e ulaştırılıyor, "Sizin hastalığınızla uğraşacaklarına, bir kenara çekilip lakırtı ediyorlar" diye haber uçuruluyordu. Hastanın, tedaviye inancı günden güne yokoluyordu. Doktorlar o günkü raporda "Atatürk'te bir siroz vardır" ifadesini ilk kez bu netlikte yazdılar. Raporun sonundaki ifade ise aynen şöyleydi:

"Sonuç, ciddi ve vahimdir".

O gece Atatürk'ün Yaveri Salih Bozok, bir mektupla, bu sırrı, Ankara'ya İsmet Paşa'ya duyurdu:

"Aziz ve Muhterem Büyüğüm İnönü;

"Ben bu mektubu sonuna kadar yazmaya, siz de okumaya bilmem muvaffak olabilecek miyiz? Parmaklarım kırık, gözlerim kör olsaydı da ben size böyle acı bir mektup yazmaya muktedir olmasaydım. Fakat vatan aşkı, millet ve memleket sevgisi ile işittiklerimi, gördüklerimi acı ve feci de olsa size bildirmeyi bir vazife, bir borç bildim ve bu mektubu yazmak mecburiyetini hissettim.

"Sevgili Paşam,

"Büyük kurtarıcımız Atatürk'ümüz dün, ecnebi profesörlerin de bulunduğu bir sıhhi heyet tarafından muayene edildi: Konsültasyon neticesinde icabedenler yapıldı. Fakat bu konsültasyonda bulunan bazı doktor arkadaşlar tarafından bana mahrem olarak söylenenlere ve benim de görüp anladığıma göre Atatürk'ümüzün bugünkü sıhhi vaziyeti korkulacak kadar vahimdir. Kalbim parçalanarak size bu elim haberi vermek mecburiyetinde kaldığım için ayrıca acı duymaktayım. Artık buna göre ne yapmak ve nasıl bir tedbir almak lazımdır, bilemem. Ankara'da bulunduğunuz için buradaki vaziyetten sizi, memleket ve milletimin büyüğü, kıymetli İnönü'müzü haberdar etmekle vicdanı vazifemi yapmak istedim.

"Gözyaşlarımla ve derin saygılarımla ellerinizden öperim"

Bozok, bu mektubu oğlu Cemil'le Ankara'ya gönderdi.

İsmet Paşa, mektubu okuduktan sonra şu cevabı yazdı:

"Kardeşim Salih,

"Mektubunuzu büyük teessürle okudum. Dayanılmaz bir surette yüreğim bir daha sızladı. Acılı duygularımı nasıl ifade edeceğimi bilemiyorum. Vefalı, vatanperver kalbinizin elemlerini anlıyorum. Elimden geldiği kadar vaziyeti takibettim. Hastalığın ciddi olduğu görülüyor. Ben, kuvvetli ümidimi muhafaza ediyorum. Hastalığın tevakkuf haline geçmesi ve vücudun kuvvetlenmesi ihtimali daima vardır. Son alınan sıhhi tedbirlerin de canımızdan sevgili hastamızın afiyeti için yeni bir ümit şulesi olduğuna inanıyorum.

"Kardeşim Bozok,

"Sevgili Atatürk'ü gördükçe O'nun ümidinin sarsılmamasına ve mümkün olduğu kadar neşeli kalmasına çalışmalıyız. Yine en büyük sıhhi iyilik, O'nun maddi ve manevi kuvvetinden gelecektir. Beni haberdar etmek lütfunuza çok minnettarım Bozok. Teessürlü, ümitli olarak ve candan dua ederek takip ediyorum. Bergmann (Alman doktor) tecrübeli, şöhretli bir doktor imiş. Bu hastalığın seyrinde birdenbire iyilik, tevakkuf devresi husule geldiği vaki imiş. Bu ihtimaller, çok ümit bağladığımız ışıklardır.

"Atatürk'ü gördüğün zaman, yormayarak, benim tarafımdan ellerini, yüzünü hasretle öper misin? Mektuplarını daima beklerim. Gözlerim yaşlı olarak, muhabbetle gözlerinden tekrar tekrar öperim sevgili kardeşim".

Salih Bozok neden durumu acilen İnönü'ye haber vermişti? "Ne tedbir alınır, bilemem" derken muhtemel bir iktidar boşluğunu mu kastediyordu?

Bu soruları yanıtlayabilmek için o günlerde Atatürk'ün Ankara ve İstanbul'daki arkadaşları arasında alttan alta süren bir iktidar mücadelesinin filizlendiğini kabul etmek gerekir.

Ata'nın hastalığının yabancı doktorlarca tescillendiği günlerden bir gün, bu kez de Başbakan Celal Bayar'ın hastalık haberi gelmişti. O da karaciğer krizinden yatağa düşmüştü. Atatürk, neredeyse kendi derdini unutmuş, yakın dostlarının birer birer rahatsızlanmasının acısını çekiyordu. Haberi alınca şunları söyledi:

"Ben hasta yataktayım. Celal Bey de hasta yatıyor. Fevzi Paşa'nın da şekeri var, O da hasta. Ne olacak bilmem?"

Kılıç Ali, Bayar'la ilgili bu anıyı naklettikten sonra şunları yazar:

"Atatürk'ün söylediği bu sözler arasında bu iki isimden başkasından bahsetmemesi, o zaman hepimizin ehemmiyetle nazarı dikkatini celbetmiş ve buna türlü manalar vermiştik".

O aralar herkesin kafasının bir yerinde bu soru vardı:

"Atatürk'ten sonra ne olacak?"

Atatürk'ün hemen yanıbaşındaki bir grup, İnönü'ye son derece soğuk bakıyor ve Atatürk'ün ileriye dönük bir konuşmada Bayar ve Çakmak'ın adlarını vermesinden mutlu oluyordu.

Kılıç Ali, "Atatürk'ün Son Günleri"ni anlattığı hatıratında Bozok-İnönü haberleşmesi için de şunları aktarıyor:

"Atatürk, Salih'in İsmet Paşa'ya da bu malumatı haber verdiğini haber alınca fena halde hiddetlenmişti. Salih'i çağırtıp, 'İsmet Paşa'ya benden niçin bahsediyorsun? Bunun manası nedir? Bu hareketini hiç beğenmedim' diyerek muahazelerde bulunmuştu".

Bu tür anılar, Atatürk'ün İnönü'yle dostluğunu tamamen koparıp, kendisinden sonrası için Bayar'ın adı üzerinde öncelikle durduğunu ima etmekle birlikte, gerçeğin böyle olmadığını öne süren anılar da vardır. Örneğin İnönü, "Hatıralar"ında Atatürk'ün o dönemde her fırsatta kendisine selam yolladığını belirterek şu ayrıntıları verir:

"Atatürk, o devrede Celal Bayar ile daima selamlar yolladı. Bunlara mektuplarla teşekkür ettim. Birkaç defa Dr. Tevfik Rüştü Aras selamını getirdi. Ona karşılık da bir mektupla şükranlarımı bildirdim.* Sabiha Gökçen, hemen her hafta Cumartesi günleri İstanbul'a gider, Pazartesi günleri Ankara'ya dönerdi. Bana Atatürk'ten haber ve muhabbetler getirirdi. Lozan günü geldi. O yıl gazeteler bir şey yazmadılar. Fakat Atatürk beni İstanbul'dan telefonla arattı. Çok muhabbetli şeyler söyletti. Sonradan bana anlattıklarına göre bunları yazılı şekilde bildirmek istemiş, fakat yakınları (Hasan Rıza) mani olmuşlar. Sonradan, benim Atatürk'e hastalığının dikkati çeken bir ağırlık gösterdiği sırada yazdığım mektuplara başka manalar verilmek istendiğinde, bunların etrafında polis romanları tarzında hikayeler anlatıldığında pek şaşmışımdır. Mektuplar, insanın ağır hasta olan bir yakınına, büyük amirine

* İşte bu mektuplardan biri: "Sevgili Atatürk! "Muhterem Celal Bayar bana sizin selamınızı getirdi. Çok sevindim. Sizin bir an evvel sağlığınıza kavuşmanız, yegane ve en samimi dileğimdir. İki mübarek ellerinizden, sevgili ve can verici yüzünüzden, doymadan binlerce öperim, sevgili Atatürk, büyük Atatürk, velinimetim Atatürk!"/İsmet İnönü/5 Ekim 1938.

göstereceği samimi alakanın ifadesidir. Yazdıklarım, böyle bir durumda duyulan teessür ifadeleri ve teselliden ibarettir. Aynı zamanda bana gösterdiği ilgiye, bütün bu zevat vasıtasıyla gönderdiği selamlara, muhabbete teşekkürdür. Selamını aldığımı, bu mektuplarla kendisine duyururdum. Mektupların, tabiatıyla, hiçbir siyasi mahiyeti yoktur. Zaten yazıldığına göre Atatürk benim mektuplarımı, yatağının başındaki komodinin bir çekmecesinde tutarmış. Atatürk gibi bir devlet adamının, dost ve arkadaş mektubunun dışında mahiyet taşıyacak yazıları komodin çekmecesinde tutacağı hatıra dahi getirilmez. Üstelik mektupların gizli kapaklı bir tarafı da yoktu. Atatürk'ten bütün o selam ve muhabbet duygularını getirenler, kendisinin mektubumu aldığını, memnun olduğunu bana bildirirlerdi".

İnönü'nün Atatürk sevgisi başta Atatürk olmak üzere herkesçe çok iyi bilinirken, başka bazı çevrelerde küçük iktidar hesaplarının yapıldığı da yadsınamaz bir gerçektir.

Yine Kılıç Ali, bu hesapların kendilerini nasıl üzdüğünü şu sözlerle anlatır:

"Vaziyet bu merkezde iken, yedi kat yabancılar bu suretle içten gelen bir samimiyetle ağlar ve teessürler izhar ederken, maalesef bazı soysuzların Atatürk'ün ölümüne sabırsızlıkla intizar etmekte olduklarına dair gelen haberler, içimizin acısından bir kulağımızdan giriyor, diğer kulağımızdan çıkıyordu. Atatürk'e candan bağlanmış, O'na samimi olarak inanmış insanların, her şeyin fevkinde olan düşünceleri, O'nu bir saat daha yaşatmak emeliydi.

"Ne korkunç bir haldir ki, fırtına yaklaşırken, Atatürk'ün hastalığının ağırlaştığını ve artık hiçbir ümit olmadığını anlayan, O'nun nan'u nimetiyle perverde olmuş, O'nun gölgesi altında büyümüş, yakını telakki edilebilecek bazı insanlar dahi, bir anda, Atatürk'ü terketmiş bulunuyorlardı. Bunlar artık ne Saray'a, ne yata, Atatürk'ün semtine bile uğramaz olmuşlardı. Bu vaziyetler insana ayrıca azap veriyor, içimize hicran oluyordu".

Kılıç Ali'nin bu izlenimleri elbette ki önemliydi.

Ancak burada konunun başka bir yanına da dikkat çekmek zorunludur. Atatürk'e son günlerinde uzak durmakla suçlanan bir kesim de, O'nu kuşatan bir grubun, kendilerini O'ndan uzak tuttukları inancındadır. Örneğin General Ali Fuat Cebesoy, "Siyasi Hatıralar"ında şunları yazar:

"O'nunla beraber bulunmamıza maatteessüf mani olmuşlardı. Ben her gün Saray'a giderek saatlerce kalmış isem de ancak bir kere Atatürk'ün yanına girmek fırsatını bulmuştum. Şunu tebaruz ettirmek isterim ki bence meçhul kalmış olan sebeple Başyaver Celal Bey'le Atatürk'ün yakınlarından bir iki zat, hem Atatürk'ün, hem de benim şiddetli arzularımıza rağmen, beni Atatürk'ün ziyaretinden mahrum bırakmışlardı"

"Atatürk'e mülaki olduğum gün bana karşı çok üzülmüş bulmuştum. Yanına yaklaştığım zaman

'Fuat Paşa, beni çok zaman aramadınız. Ege vapurunda böyle mi kararlaştırmıştık' demişti.

"Maiyetinden şikayet edip kendisini üzmemek için şu cevabı verdim:

'Paşam! Hergün Saray'a gelerek sıhhatinizle alakadar olmuştum. Eğer yanınıza kadar gelememiş isem, sizi rahatsız etmemek içindi'.

"Bu sözlerimle, kendisine evvelce söylenenlerden bana muhalefet edildiği manasını çıkartan hasta Atatürk, nöbetçi yaverini çağırtarak, O'na, ne vakit Saray'a gelirsem hemen yanına kadar getirilmemi emretti. Bana da;

' Artık bundan sonra hiçbir muhalefete maruz kalmayacaksınız' dedi".

İnönü'nün "Hatıralar"ında ise konuya şöyle değiniliyor:

"Atatürk benim sıhhatimle mütemadiyen alakadar oldu. Ben de O'nun sıhhi durumunu daima takip ediyordum. Bu arada İstanbul'a gelip kendisini tekrar görmek, yoklamak istedim. 'O da benim gibi hasta, yerinden kıpırdamasın' diye haber gönderdi.

Saray kapılarının eski dostlara kapatılışının nedeni sıhhi miydi, siyasi mi?... Bunu bugünden kestirmek oldukça zor. Sağlık Bakanlığı Müsteşarı Dr. Asım Arar, o günlerde "ziyaretleri en zaruri kimselere hasretmek suretiyle sıkı şekilde tahdit ettiklerini" yazar.

Ata'nın Genel Sekreteri Hasan Rıza Soyak ise suçlamaları şöyle yanıtlar:

"Doktorlar, çok yorulmamasını, görüşmelerin 5-10 dakikayı geçmemesini, bize sıkı sıkı tembih etmişlerdi. Atatürk de doktorların bu yasağından haberdardı. Biz de bu tavsiyeye titizlikle riayet ediyor, hatta bu yüzden birçoklarının insafsız şikayet ve tarizlerine hedef oluyorduk".

"Bunlardan, beni ve arkadaşlarımı, ta canevimizden yaralamış birini yazmadan geçemeyeceğim: Sayın İnönü, Ankara'da geçirdiği tehlikeli hastalıktan kalktıktan sonra, Atatürk'ü ziyaret etmek için İstanbul'a gelmeye karar veriyor. Hazırlanıyor, trende yerini ayırtıyor. Hatta muayyen gün ve saatte istasyona iniyor, eşyası da kompartmana yerleştiriliyor. Tam bu sırada rahmetli Dr. Refik Saydam telaş içinde çıkageliyor; Dolmabahçe Sarayı'nda tarafımızdan kendisine pek kötü muamele edileceğine ve Atatürk'le görüşmesine mani olacağımıza kani olduğunu söyleyerek İstanbul'a gitmekten vazgeçmesini heyecanlı bir eda ile rica ediyor. İnönü'nün tereddüdü karşısında da, 'Eğer gitmekte ısrar ederseniz lokomotifin önüne yatarım' diyor. Bunun üzerine İnönü yolculuktan vazgeçiyor.

"Şimdi bu garip olduğu kadar, hazin olan hadiseyi yazarken bile içimde büyük bir üzüntü ve ürperme duymaktayım".

"Oysa İnönü İstanbul'a gelmekten vazgeçince, bir mektup yazmıştı. Uzgören mektubu Atatürk'e takdim ederken 'İnönü tazimlerini bizzat arzetmek için İstanbul'a gelmek istiyordu. Hala da bu arzusunda ısrar ediyor. Fakat henüz nekahat devresinde olduğu için doktorları seyahatine müsaade etmiyorlar' dedi. Bunun üzerine Atatürk şu cevabı verdi:

'Yakında ben Ankara'ya geleceğim. Binaenaleyh zahmet etmesin. Ankara'da kalıp istirahat etsin ve doktorların tavsiyelerine harfiyen riayette bulunsun. Bunları bir emir olarak teşekkür ve selamlarımla beraber kendisine söylersiniz".

İşte aynı olayın İsmet İnönü versiyonu:

"Teşrinisani günleri beni İstanbul'a götürmek için Şükrü Kaya ve O'nun tertibinde ansızın bir gayret belirdi. Ben de candan istiyordum. Fakat Şükrü Kaya tertibindeki bu gayret, yakın arkadaşlarımın dikkatini celbetti. Katiyen bırakmadılar. Onlar haklı ve isabetli çıktılar. Şükrü Kaya İstanbul'a son anda beni götüremediği için pek hiddetli idi".

Yazılı hatıralar bu konuda daha fazla spekülasyon yapılmasına olanak vermiyor. Ama tüm bu satırlardan, Atatürk'ün hasta yatağı başında şu ya da bu şekilde bir iktidar hesaplaşmasının inceden inceye sürdürüldüğü anlaşılıyor.

Peki hangi Atatürk gerçekti?

Her Ankara'ya gidenle İnönü'ye selam yollayan Atatürk mü, yoksa İnönü'yle haberleşti diye yaverine çıkışan Atatürk mü?

Bu soruya en net yanıtı yine Atatürk verdi:

Hem de tam o günlerde...

Hem de tarihe geçecek bir yazılı belgeyle:

Vasiyetiyle...

"Biliyorum, bu yolda konuşmak, benim için de senin için de ağır bir şey. Ama başka çaremiz yoktur. Konuşmaya mecburuz çocuk... Şu vasiyetname meselesi... Bugün yarın o işi bitirmeliyiz. Ne olur, ne olmaz. İhtiyatlı olmalı".

EYLÜL 1938

Vasiyet

Eylül ayı başında Atatürk'ün karnındaki suyun şırıngayla alınması artık zorunlu hale geldi. Biriken suyun miktarı 10-12 litreyi bulmuştu. Bu yüzden Atatürk'ün nefesi daralıyor, sıkıntısı dayanılmaz bir hal alıyordu.

Doktorları, Fissenger'nin üçüncü kez çağrılmasını ve O'nun huzurunda şırıngayla karından su alınmasını kararlaştırdılar.

Ama bu operasyon Atatürk'ü endişelendiriyordu. Atatürk, bunu bir ameliyat sayıyor ve su alınma işlemi sırasında bağırsaklarının delinmesinden korkuyordu. Bu yüzden, konu kendisine iletildiğinde "Anlatın bana" dedi, "bu nasıl olacak?"

Anlattılar. Karındaki suyun çıkarılması için yataktaki konumunu biraz değiştirmek, vücudu sola döndürmek gerekecekti. Bu sayede alınacak su, karnın en altında toplanacak ve dışarı alınması kolaylaşmış olacaktı. Sonra da karın duvarı özel bir iğneyle delinecek ve içerdeki su şırıngayla çıkarılacaktı. Operasyonu yapacak olan Mim Kemal Öke, "Atam, siz müsterih olunuz. Bu, daha önceki ameliyatlarınızdan da basittir" dedi.

Atatürk düşündü ve uzun zamandır yapmayı düşündüğü bir iş için vaktin geldiğine hükmetti. Eylül başında güneşli bir sonbahar sabahı Genel Sekreteri Hasan Rıza Soyak'ı çağırttı. Yanına oturttu. Elini tuttu, başını önüne eğdi ve ağır ağır konuştu:

"Bu yolda konuşmak, benim için de, senin için de ağır bir şey;

ama başka çaremiz yoktur. Konuşmaya mecburuz çocuk... Hani seninle ara sıra bir işimizden bahsederdik; hatta bunun için bir de hususi kanun çıkarılmıştı. Şu vasiyetname meselesi... Bugün yarın o işi bitirmeliyiz. Ne olur ne olmaz. İhtiyatlı olalım. Mal olarak nemiz varsa derhal bir listesini yap, bana getir".

Hasan Rıza sarsıldı. Ama bu, Atatürk'ün emriydi. Bürosuna inip, kayıtları dökmeye başladı. Ata'nın tüm malvarlığının bir listesini yaptı. İş Bankası'nda 1,5 milyon liraya yakın parası, hisse senetleri ve gayri menkulleri vardı. Listeyi yanına alıp yeniden yukarı çıktı.

HASAN RIZA SOYAK
GENEL SEKRETERİ

"Atatürk listeyi aldı, tetkik etti. 'Bunları ikiye ayıracağız' dedi, 'Bir kısmı hayatta bulunduğumuz müddetçe üzerimizde kalması lazım gelenlerdir: Para, hisse senetleri, Çankaya'daki Köşk'le, eşyaları gibi... Yapacağımız vesikaya işte bunları koyacağız; diğerlerini, yani Çankaya'dan başka yerdeki evleri ve emlakı, Ankara'ya avdet eder etmez, mahalli belediyelerine veya diğer kurumlara verir, muamelesini de yaptırırız'".

Atatürk, sahip olduğu bütün para ve hisse senetleri ile Çankaya'daki menkul ve gayri menkullerini Cumhuriyet Halk Partisi'ne devretme kararındaydı. Ama bazı şartları vardı.

Atatürk bu genel çerçeveyi çizdikten sonra ayrıntılara geçti. Soyak da bu ayrıntılara göre bir hukukçunun yardımıyla bir taslak metin hazırladı.

Ertesi sabah odanın kapılarını kapatıp, taslağın ayrıntıları üzerinde çalışmaya başladılar.

İş Bankası'ndaki para ve hisse senetleri yine İş Bankası tarafından gelirlendirilecekti. Atatürk, "çünkü" dedi, "İş Bankası Celal (Bayar) Bey'in nezareti altında çok iyi çalıştı ve başarılı neticeler aldı".

Sonra kızkardeşi ve manevi kızlarına ait maddelere geçti. Makbule, Afet, Sabiha, Ülkü, Rukiye ve Nebile, mirastan pay alacaklardı:

HASAN RIZA SOYAK
GENEL SEKRETERİ

"Ben, yatağın sağ yanında ayakta duruyor, kendisini müthiş bir heyecan ve teessür içinde seyrediyordum. Çok sakindi. Arada bir, yazdıklarına da gözatıyordum. Hem yazıyor, hem de bazı kelimeleri değiştiriyor, cümleleri, manalarına hiç halel getirmeden kısaltıyor, sadeleştiriyordu. Eşsiz muhakeme ve zarafeti burada da kendini göstermişti. Çok ince düşünüyordu. Mesela bir maddede, kendisine aylık bağlanmasını vasiyet ettiği hanımlardan beşinin soyadları yazılıydı; yalnız bayan Afet'in soyadı yoktu; O, ailesinin soyadını kullanmıyordu. Henüz başka bir ad da almamıştı; bunu görünce diğerlerinin de soyadlarını yazmadı. Yine aynı maddede 'Vefatlarına kadar' ibaresi vardı; bunun yerine, 'yaşadıkları müddetçe' kaydını koydu; O'na göre yaşamak esastı. Bir vasiyetnamede dahi olsa, bir insanın ölümünden bahsetmeyi nezakete ve hayırhahlığa uygun bulmuyordu. Dakikalar geçtikçe heyecanım artıyordu. Bu tarihi hadisenin tek şahidi olmak düşüncesi beni sarsıyordu".

Vasiyette, banka gelirlerinden bir kısmının Türk Tarih ve Türk Dil kurumları arasında bölüştürülmesi de isteniyordu.

Ve nihayet vasiyetin 5. maddesi İnönü'yle, daha doğrusu İnönü'nün çocuklarıyla ilgiliydi. Atatürk, İnönü'nün çocuklarına yüksek öğrenimleri için yardım yapmak istiyordu. Soyak'a "Kendisine (İsmet İnönü'ye) bir hal olursa kardeşi (Hasan Rıza Temelli) çocuklarına bakmaz" dedi.

Bu madde, Atatürk'ün bir "eski dost"ta sıcak bir jestiydi belki. Mustafa Kemal, onca yıllık silah arkadaşına, iki satırlık bir mesaj yolluyordu. "İnce ve anlamlı bir mesaj..."

Ama o günlerde bu madde üzerine yoğun spekülasyonlar yapıldı. "Yakın çevresinin Atatürk'e İnönü'nün ölmüş, hatta öldürülmüş olduğunu söyledikleri, Ata'nın da bunun üzüntüsüyle vasiyetine böyle bir madde koyduğu" söylendi. Bu söylenti İstanbul ve Ankara'yı karıştırdı. Bir sır kalması istenen vasiyet böylece birden gündemin baş maddesi haline geliverdi:

İnönü, vasiyet üzerinde kopan fırtınayı "Hatıralar"ında şöyle anlatıyor:

"Vasiyet fikri ve ihtimali üzerine memleket aylarca çalkalandı. Memleket bütün bu şayiaları, daha doğrusu telkin ve teşebbüsleri tasfiye etti. Hadisat şöyle hülasa olabilir:

"Fethi Okyar fitneye iltifat etmedi. Mareşal (Çakmak), ortalığı bir müddet yokladıktan sonra müstağni vaziyet aldı. Çekilmemin bidayetinde başında korkmuş, bana hiç sokulmamıştı. Sonra eskisinden daha çok sokuldu. "Şükrü Kaya, Hasan Rıza Soyak başlıca (Hatıralar'ın bu kısmı okunamıyor) ... olarak Dr. Aras'la beraber bir vasiyet koparmak ve uydurmak için çok çırpındılar. Son ana kadar bu ümidi muhafaza ettiler. Atatürk'ten koparamadılar. Şifahen uydurmaya Hasan Rıza teşebbüs etti. Celal Bayar kabul etmedi. Efkarıumumiyenin tazyiki son derece artmış idi. Benim hayatım üzerinde iki taraflı alaka azami dereceyi buldu.

"Şükrü Kaya, Ankara'nın büyük idare ve inzibat amirlerine bir vasiyet çıkarsa canla başla tatbik edileceğini söyledi. Ertesi gün zabıtnameden bu ifadesini çıkardı".

İnönü'nün bu ifadeleri, Ata'nın ölüm döşeğinde, başucunda yaşanan kıyametin işaretlerini veriyor.

Hasan Rıza Soyak, İnönü'nün suçlamalarını yanıtlarken, bunların "yersiz yorumlar" olduğunu söylüyor, Atatürk'ün İnönü'nün hastalığıyla yakından ilgilendiğini hatırlatıyor.

Bütün bu dedikodular arasında vasiyet son şeklini aldı, Ata'nın 6 maddeden oluşan vasiyeti aynen şöyleydi:

Dolmabahçe
5 Eylül 1938
Pazartesi
"Malik olduğum bütün nukut ve hisse senetleri ile Çankaya'daki menkul ve gayrimenkul emvalimi Halk Partisi'ne atideki şartlarla terk ve vasiyet ediyorum:

1- Nukut ve hisse senetleri, şimdiki İş Bankası tarafından nemalandırılacaktır.

2- Her seneki nemadan bana nisbetleri şerefi mahfuz kaldıkça, yaşadıkları müddetçe, Makbule'ye ayda 1.000, Afet'e 800, Sabiha Gökçen'e 600, Ülkü'ye 200 lira ve Rukiye ile Nebile'ye şimdiki 100'er lira verilecektir.

3- Sabiha Gökçen'e bir ev de alınabilecek para verilecektir.

4- Makbule'nin yaşadığı müddetçe Çankaya'da oturduğu ev de emirlerinde kalacaktır.

5- İsmet İnönü'nün çocuklarına yüksek tahsillerini ikmal için muhtaç oldukları yardım yapılacaktır.

6- Her sene nemadan mutebaki miktar, yarı yarıya Türk Tarih ve Dil kurumlarına tahsis edilecektir".

Atatürk, Vasiyetini bitirdikten sonra bir zarfa koydu, zarfın ağzını kapadı ve başucundaki komodinin çekmecesine yerleştirdi.

Ertesi gün yataktan kalktı, traş oldu, yıkandı. İpek pijamasının üzerine kırmızı robdöşambr giydi, boynuna vişne renginde bir eşarp bağladı ve denize bakan pencerelerin önündeki şezlonga kuruldu.

Genel Sekreteri Soyak noteri getirince, vasiyetinin bulunduğu zarfı O'na uzattı ve "Bu, benim vasiyetimdir" dedi, "icap ettiği zaman lütfen kanuni muamelesini yaparsınız".

İşte son görevini de tamamlamıştı.

Vasiyet işi bittikten sonra Hasan Rıza ile konuşurlarken konu, asıl siyasi mirasın nasıl paylaştırılacağı sorununa geldi. Öyle ya Ata'nın "siyasi miras"ı neydi? Tahtını boşaltırsa böyle bir karizmanın yerini kim, nasıl doldurabilirdi?

Daha doğrusu, doldurabilir miydi?

Hasan Rıza'nın aktardığına göre Atatürk bu soruya aynen şu yanıtı verdi:

"Elbette bunda söz ve intihap hakkı sadece milletin ve onun mümessili olan Türkiye Büyük Milet Meclisi'nindir; yalnız ben bu meseledeki mütalaamı ifade edeceğim.

"Evvela akla İsmet Paşa gelir; evet! O, memlekete büyük hizmetler ifa etmiştir. Fakat nedense umumun sempatisini kazanamadığı görülüyor; bu yüzden durumu pek de cazip olmasa gerek.

"Bir de Mareşal Fevzi Çakmak var. O, hem memlekete büyük hizmetler etmiş, hem de herkesle iyi geçinmiş, selahiyet sahiplerinin mütalaalarına daima kıymet vermiştir. Kimse ile münazaa halinde değildir. Bu itibarla bence Devlet Başkanlığı için en münasip arkadaş O'dur. Filhakika kendisi ordu işleriyle uğraşmaktan çok hazzeder, belki ordudan ayrılmak istemez. Ama Cumhurreisliği'nde, aynı zamanda Başkomutanlık mevkiinde de olacağı için bu meşguliyetine devam imkanı daima mevcut demektir. Binaenaleyh, kanuni bir yol bulup kendisi namzet gösterilir ve seçilirse çok iyi olur zannederim".

HASAN RIZA SOYAK
GENEL SEKRETERİ

"Bu mevzu üzerinde biraz daha konuştuk. Sözlerinden anladım ki, İsmet Paşa'nın tenkide tahammülsüzlüğünü, hoşgörürlük hassasının yetersizliğini, gerek Hükümette ve gerek Parti başında selahiyet ve mesuliyet sahibi arkadaşlarının sıfat ve haklarına lüzumu kadar, hatta bazen hiç itibar etmeyerek, her işte yalnız kendi arzu ve fikirlerini yürütmeye çalışmasını beğenmemekte, bu hal ve itiyadıyle, ilk günden beri hedef tutulup, varılması için mücadele edilen gayeye tamamen aykırı olarak memleketi, o zamanlar Avrupa'da mevcut bazı şef idarelerine doğru götüreceğinden endişe et-

mektedir. Belli idi ki, rahmetli Recep Peker'in bir Avrupa seyahatinden döndükten sonra, partinin son kongresine teklif edilen nizamname ve programın faşist esaslarını unutmamış, bunlar kafasında yer etmişti.

"İnönü'nün, Cumhurbaşkanlığı'na geçer geçmez, hiçbir ciddi sebep ve lüzum olmadan, kendisini milli şef ve partisinin değişmez başkanı ilan ettirmesi ve bu hali, hür alemle beraber, yurdumuzda da alıp yürüyen fikir cereyanlarının yarattığı kuvvetli dalgalara çarpıncaya kadar devam ettirmeye uğraşması, derin ve uzak görüşlü Büyük Adam'ın endişelerinde ne kadar haklı olduğunu ispat etmiştir".

Soyak, tarafından böylesine ağır bir dille eleştirilen İnönü ise anılarında tam da bu dönemde kendisinin Amerika'ya büyükelçi olarak yollanacağı dedikodularının çıktığını anlatıyor. İnönü, bu söylentileri Dişişleri Bakanı Tevfik Rüştü'ye (Aras) soruyor ve şu yanıtı alıyor:

"Evet, bu haberler benden çıktı. Siz bana hep 'Amerika'yı görmedim' derdiniz. Ben de bir vesile bulup sizin Amerika'yı görmek arzunuzu gerçekleştirmek istedim".

İnönü bunun üzerine Tevfik Rüştü'ye teşekkür ediyor ve çok sert bir şekilde "bunu kabul etmeyeceğini ve böyle bir şey olursa kendisini sorumlu tutacağını" söylüyor.

Tarihin garip cilvesine bakın ki, Atatürk'ün tahtı, tüm bu tezgahlara rağmen İnönü'ye kısmet olacak ve İnönü, Köşk'te görev süresini tamamladıktan sonra, o görmeyi çok istediği Amerika'ya yıllar sonra bu kez Başbakan olarak gidecektir.

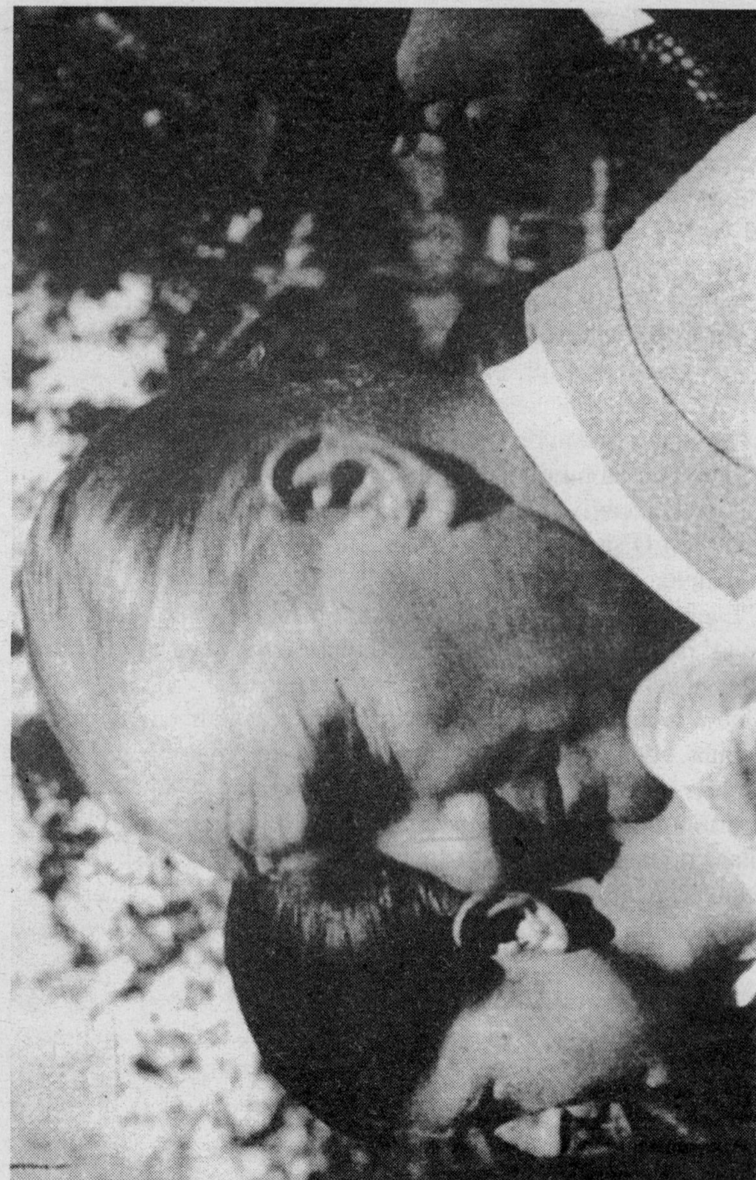

Artık Atatürk ıstıraba dayanamaz hale gelmişti.

EYLÜL 1938

Rüyada dans

6 Eylül 1938 günü Doktor Fissenger, üçüncü kez İstanbul'a geldi ve Dolmabahçe Sarayı'nda Atatürk'ü muayene etti. Ama durumunu hiç beğenmedi; "Aziz hastamı daha iyi bulacağımı tahmin ederek çok neşeli gelmiştim" dedi. Artık Atatürk ıstıraba dayanamaz hale gelmişti. Karnında toplanan suyun derhal alınmasını istiyordu. O güne kadar bu işlemi mümkün olduğunca geciktirmeye çalışan doktorları sonunda boyun eğdiler.

"Ponksiyon", yani karından su çekme işlemi hemen ertesi gün Dr. Mim Kemal Öke tarafından yapıldı. Dr. Fissenger ile Dr. Neşet Ömer İrdelp de operasyon sırasında nezaret ettiler.. Sonraları, Dr. İrdelp, Mim Kemal Öke'nin o gün "Bu müdahaleyi uygun olmayan koşullarda yaptık" dediğini aktaracak ve onu sorumluluktan kaçmakla suçlayacaktı. Fissenger'nin de Öke için "İşleri güçleştiriyor" şeklindeki sözlerini aktaracaktı.

Bu tartışmalar arasında karından tam 12 litre kadar su çekildi. Çıkan suyun neredeyse bir tenekeyi dolduracak kadar olması herkesi şaşkına çevirmişti. Ama Atatürk rahatlamış, günlerdir ilk kez derin bir "ohh" çekmişti.

Kılıç Ali, anılarında o ponksiyondan sonra yanına girdiğinde Atatürk'ü bir anda çok çökmüş bulduğunu nakleder:

KILIÇ ALİ
KORUMASI

"Adeta birdenbire zayıflamıştı. İki kolunu başının altına alarak arka üstü yatıyordu. Karnını büyük bir sargıyla sarmışlardı. Odadan içeri girer girmez yanına koştum:

'Geçmiş olsun paşam' diyerek başının altına aldığı kollarının pazusunu öptüm. Bana, doktorların duyamayacağı kadar yavaş bir sesle;

'Çıkan suyu gördün mü' dedi, 'Bu kadar bir su kabı insanın karnı üzerine konsa nasıl tahammül eder? Bak ben ne haldeyim, nasıl tahammül etmişim?'

'Geçmiş olsun Paşam, bunların hepsi geçecek' dedim ve gözyaşlarımı kendisine göstermeden ve teessürümü hissettirmemek için bir fırsat bularak doktorların arkasından sıyrılıp hemen odadan dışarı çıktım".

O geceden itibaren doktorlar, Atatürk'ün mutlak bir istirahate ihtiyaç duyduğunu belirterek ziyaretleri yasakladılar. Çok zorunlu haller dışında hastanın yanına kimse alınmayacak, Ata fazla konuşturulmayacak, sınırlı ziyaretler de çok kısa tutulacaktı.

Bu tavsiyelere harfiyen uyulması için de en yakınındakı 5 kişi o geceden itibaren yan odada nöbet tutmaya başladılar. Yaverleri Salih Bozok ve Celal Öner, Koruması Kılıç Ali, Muhafız Komutanı İsmail Hakkı Tekçe ve Genel Sekreteri Hasan Rıza Soyak artık gece gündüz sırayla nöbette olacaklardı.

O'nun başucundaki bu "son nöbet", 10 Kasım'a dek aralıksız sürecekti.

SALİH BOZOK
YAVERİ

"4 gün 4 gece hastanın yanıbaşındaki odada bekledik. Kudretini bütün dünyaya teslim ettiren Atatürk'ün, yatıp kalkmak gibi en basit fiziki hareketler için bile başkalarının yardımına muhtaç olması yüreklerimizi paralıyor, arasıra içerideki odadan inilteleri ku-

lağıma geldikçe tüylerimin ürperdiğini hissediyordum.

"O gece sabaha karşı idi. Saat 6.30'a geliyordu. Yatak odasındaki zili acı acı çaldı. Hemen kunduralarımı çıkararak, ayaklarımın ucuna basa basa oda kapısına geldim. Atatürk yatağı içinde oturmuş, sigara içiyordu. Kapıdan baktığımı görünce;

'Ve aleykümselam' dedi, 'Nöbetçi sen misin?'

Sonra gülümsemeye çalışarak ilave etti:

'Salih, gördün mü şu başıma gelenleri?'

Kendimi zor zaptederek;

'Hepsi geçecek Paşam' dedim, 'İnşallah tamamen iyileşeceksiniz'.

O sırada kendisine borç çorbası getirmişlerdi.

'Şimdi bir çorba içip yatacağım. Su alındıktan sonra epeyce rahat ettim. Doktorlar almak istemiyorlardı. Fakat ben dayanamadım, suyu aldırdım' buyurdular."

HASAN RIZA SOYAK
GENEL SEKRETERİ

"İlk gece çok sakin uyumuştu. Fakat ne yazık ki, aradan birkaç gün geçince su, tekrar toplanmaya ve zaafı durmadan artmaya başlamıştı. Bir gece hafif bir dalgınlık da geçirmişti. Ertesi sabah bize;

'Ben dün akşam sanki başka bir insan olmuştum. Bütün hatıratımı unutmuştum. Bazı isim ve kelimeleri de hatırlayamıyordum. Hasılı ben asıl dün akşam hasta idim' demişti".

KILIÇ ALİ
KORUMASI

"Yapılan ponksiyon nisbeten rahatlık vermekle beraber ahvali umumiyelerinde derhal dermansızlık husule getirdi. O büyük adam yatak içinde sanki saatten saate küçülür gibi bir hal almıştı. Günler geçtikçe adeta bir deri bir kemik kalmakta idi. Fakat o halde bile yine muntazaman traş oluyor, muntazaman sabah gazetelerini takip ediyor ve devlet işlerini görüyor, kararnameleri imzalıyorlardı.

"Istırabına, dermansızlığına rağmen gramofon muntazaman

çalınıyor, radyo dinleniyor, üzüntülerini hissettirmemek için yanına her girdiğimiz zaman eski neşesini göstermeye ve latife yapmaya çalışıyordu. Geceleri uykusu kaçtığı zaman zile basar, hademesine;

'Beylerden nöbette kim var' diye sorar, hangimiz varsak yanına çağırır, uykusu gelinceye kadar şuradan buradan konuşur ve konuştururdu. Uykusu geldiğini hissettiğimiz zaman usulcacık kalkar ve nöbet odasına çekilirdik".

SALİH BOZOK
YAVERİ

"Atatürk bir gün bir rüya görmüş. Gördüğü rüyayı bana şöyle anlattı:

'Büyük bir otelin salonunda Atatürk oturuyormuş. Ben de yanında imişim. Salonun köşesinde bir bilardo masası varmış. Masanın başında arkası kendisine dönük olan bir zat oturuyormuş. Tam bu sırada odanın kapısı açılmış ve iri yarı 30 kadar adam içeri girmişler. Bunlardan biri, eline bilardo masasından bir ıstaka alarak masanın önünde oturan, Atatürk'ün teşhis edemediği zatın omzuna bütün kuvvetiyle indirmeye başlamış. Omzu vurulan zat ayağa kalkarak, kendini müdafaa etmekte ve 'Bana niye vuruyorsun' diye hiddetle haykırmakta iken ben bu meçhul mütecavize karşı ne yapmak lazım geleceğini Atatürk'ten gözucu ile sormuşum. Atatürk ise 'Sakın kıpırdama' manasına gelen bir işaretle sükut ve sükuna davet etmiş. Bu sırada eli ıstakalı adam, bize doğru yaklaşarak karşımızda tehditkar bir vaziyet almış. Bu sefer ben yine müdahale etmek istemişim. Ve aynı sessiz işaretle 'Ne yapalım' diye sormuşum. Atatürk, bana tekrar 'Sus' işareti verdikten sonra o azılı herife dönerek 'Sen kimsin, ne istiyorsun' diye sormuş. Fakat adam bu suale cevap vereceği yerde, cebinden bir tabanca çıkararak iki kurşun sıkmış, biri Atatürk'e, öteki bana. Sonra bu adam bize, 'kalkın dansedelim' emrini vermiş. İkimiz de kalkıp O'nun huzurunda dansetmişiz'.

"Bu karışık rüya Atatürk'ün yine buhranlı bir gece geçirdiğine

delalet ediyordu. Kendisine;

'Bu bir şey değil' dedim, 'Ben daha korkunç rüyalar görmüşümdür. Hele bir tanesini hiç unutmam. Müsaade ederseniz anlatayım'.

'Anlat bakalım'

'Efendim, beni bir gece rüyamda korkunç bir öküz kovalamıştı. Alabildiğine kaçıyordum. Fakat öküz bana gitgide yaklaştı. Biraz sonra da bir yarın dibine yaklaştırarak boynuzları ile tartaklamaya başladı. Bir yandan haykırıyordum, bir yandan da yatağımı kirletmişim. Gözümü açtığım zaman her tarafım sırılsıklamdı'.

"Ben daha rüyamı bitirmeden Atatürk gülmeye başladı. Bu, O'nun son gülüşü idi. O günden sonra tebessüm ettiğini bile görmek kısmet olmadı".

18 Eylül 1938 günü Dolmabahçe Sarayı'na Bayar geldi. Koltuğunun altında 4 yıllık yeni ekonomik plan dosyası vardı. Atatürk'e sunmak istiyordu.

18 EYLÜL 1938

"Umumi harp gelecek yıl"

18 Eylül günü Dolmabahçe Sarayı'na Bayar geldi. Koltuğunun altında 4 yıllık yeni ekonomik plan dosyası vardı. Atatürk'e sunmak istiyordu. Doktorlar endişelendiler. Ancak Atatürk sunuşu dinlemek için sabırsızlanıyordu. Zile basıp, hizmetlisini çağırdı ve yüzü Bayar'ın karşısına gelecek şekilde yerinin değiştirilmesini emretti. Hiçbir ziyaretin 10 dakikayı geçmemesi konusunda doktorlardan kesin talimat almış olan Genel Sekreteri Hasan Rıza Soyak, kapıda görünüp, yalvaran gözlerle bakınca O'nu da çağırdı, "Otur, dinle. Mühim şeyler konuşacağız" dedi.

Ve Bayar anlatmaya başladı. Denizbank'a, 28 vapur alınması için sipariş verilmişti. Bunların bir kısmı soğuk havalıydı. Kütahya'da bir elektrik santralı inşa edilecekti. Buradan elektriğin kilovat saatinin Anadolukavağı'na 35 paraya malolacağı hesabediliyordu. Yine Kütahya'da 25 bin ton sentetik benzin istihsal edecek yetenekte bir fabrika kurulması planlanıyordu. Sakarya nehri üzerinde sulama tesisleri yapılacak ve kömür üretimi senede 5 milyon tona çıkarılacaktı.

Atatürk Bayar'ın anlattıklarını yüzünde büyük bir memnuniyet ifadesiyle dinliyordu. Sunuş, yarım saati geçmiş ve dışardakiler Ata'nın yorulmasından endişelenmeye başlamışlardı. Sonunda, konuşmanın devamının başka bir zamana bırakılmasını önermeye karar verdiler. Bu öneriyi iletmekle Afet İnan'ı görevlendirdiler. Afet Hanım içeri girdi ve Atatürk'e, 'Çok konuştunuz, yorulacaksınız.

Rahatsız olacaksınız. Kafi görmez misiniz' diye sordu. Ama nafile. Atatürk, İnan'ın bu çağrısına bir karşı çağrıyla karşılık verdi:

"Gel sen de dinle. Çok mühim ve güzel şeyler anlatılıyor. Bunlar insanı yormaz, insana can verir"

Afet İnan çaresiz otururken, Atatürk Bayar'a döndü ve "Rica ederim, devam..." dedi.

Sıra plan hedeflerini gerçekleştirmek için kaynak bulma konusundaydı. Bayar, İngiltere'den 16 milyon sterling kredi bulunduğunu, bunun 6 milyonunun askeri ihtiyaçlara ayrılacağını, kalanının yatırımlara harcanacağını anlattı. Kalan para, 60 milyon lirayı buluyordu. Kaldı ki Almanya'yla da 150 milyon marklık bir kredi anlaşması yapılmıştı. Bu da 75 milyon lira ediyordu. (Hey gidi günler) Yani bütün bu yatırımlar bütçeye yük bindirmeden yapılacaktı.

Bayar, sunuşunu bitirdikten sonra Atatürk şunları söyledi:

"Çocuğum, bak sana söyleyeyim; bizim bu işleri ve buna benzer işleri başarmamız için önümüzde en çok 3 yıl mühletimiz vardır. Demem ki ondan evvel fırtına kopmaz. Ne yapacaksak, herhalde bu dar müddetin içine sıkıştırmaya bakmalıyız. Bütçe falan düşünmeye mahal yoktur. Memleketin bütün kuvvet menbalarını seferber ederek bu işleri yapmak lazımdır".

Bayar, "Atatürk'ten Hatıralar" kitabında "Azami üç seneye kadar dünyada bir savaş patlayacağına ve bunun tesirlerinin Türkiye'de yakından duyulacağına ilişkin olarak Atatürk'e hükümet kanalından hiçbir bilgi verilmediğini" açıklar. Bu, tamamen Atatürk'ün öngörüsüydü. Yine o dönemde Genel Sekreteri Hasan Rıza Soyak'a da Almanlar'ın henüz genel bir savaş için hazırlıklarını tamamlamadıkları, İtalyanların da hazır olmadıklarını söylemiş ve "Binaenaleyh bir umumi harbi bu yıl değil, gelecek yıldan itibaren beklemelidir" demişti.

Harp, tam da O'nun öngördüğü gibi bir yıl sonra patlayacak, ama O, artık hayatta olmayacaktı.

O gün Bayar ayrılırken Atatürk, Başbakanı'na son ricasını da iletti:

"1 Kasım günü Meclis açılırken yapacağım nutkun materyalini hazırlayınız. Her yıl olduğu gibi vekaletlerden notlar toplansın. Bunları birleştirerek benim üslubuma yakışır bir şekilde nutku hazırlayın" dedi. Sonra durdu... halini düşündü ve ekledi:

"Ben kuvvet bulursam bunu alır, kısaltır, kendime göre yazarım. Ankara'ya gider, okurum. Şayet gitmeme imkan olmazsa.... düşünürüz... siz okursunuz...".

Artık bir tek isteği vardı: 29 Ekim'de Ankara'da olmak...

EYLÜL 1938
"Ne olacaksam Ankara'da olayım"

Artık bir tek isteği vardı:
29 Ekim'de Ankara'da olmak...

Geçen yıl nasıl da coşkuyla kutlanmıştı. Gerçi o zaman da hüzünlü yüzü, yorgun bedeni dikkati çekmişti ama alandaki coşku O'na taze kan vermişti.

Şimdi, kurduğu Cumhuriyet'in 15. yılı yaklaşıyordu. Bütün arzusu bu törenlerde Ankara'da olmak, Başkentiyle son bir kez kucaklaşmaktı. Ankara da o günlerde O'nun için hazırlanıyordu. Stadyum merdivenlerini çıkamayacağı düşünülerek alelacele bir merdiven yaptırılmıştı. Hatta bir de özel kürsü hazırlanmış, bir yere yaslanırken, ayakta gibi görünebileceği şekilde hazırlık yapılmıştı.

KILIÇ ALİ
KORUMASI

"Bir sabah erkenden Salih'le beni çağırdı. Yanındaki komodinin üzerinde uzun yünlü çorap ve baldır sargısı koydurmuştu. Bunları göstererek;

'Ankara'ya giderken hangisini giyeyim' diye fikrimizi soruyordu.

Salih; 'Paşam' dedi, 'bende varis çorapları var. Onları getireyim. Onlar bacaklarınızı daha sıkı tutar'.

Atatürk derhal Salih'in söylediği çorapları getirtip bir kenara koymuştu. O ağır günlerinde her nedense bir an evvel Ankara'ya gitmeyi çok arzu ediyordu. Salih'le bana;

'Bunları ayağıma çekerim, yakama bir eşarp sarar, trenden Gazi istasyonuna inerim. Derhal otomobile geçerek Çankaya'ya çıkarım' diyordu.

O sıralar Romanya Kraliçesi trende siroz hastalığından vefat etmişti. Gazetelerde bu havadisin görülmesi doktorları da tesir altında bırakmıştı. Bu sebeple doktorlar, Atatürk'ün Ankara'ya nakline taraftar olmuyorlar ve bu mesuliyeti üzerlerine alamıyorlardı. Atatürk ise isyan edercesine;

'Ankara'ya gidelim. Ne olacaksam orada olayım' diyordu.

Doktorların mumaneatini kendisine anlatınca da;

'Budalalar' diye söyleniyordu. Mütemadiyen 'Ankara'da yapılacak mühim işler var' diyordu. Ne yazık ki, yapmayı düşündüğü ne idiyse bunları yapamamış ve kendisinde bir hicran olarak kalmış, kendisiyle beraber gitmiştir".

Doktorlarına göre Ankara'ya sağ gitmesi şüpheliydi. Tren sarsıntısı çok tehlikeli olabilirdi. Sonunda değil Ankara'ya gitmek, yerinden bile kalkamayacağını anlayınca teslim oldu:

"...bu zayıf halimle Ankara'ya gitmekte bir fayda görmüyorum. Gidersem hiç olmazsa kimsenin yardımı olmadan otomobile kadar yürüyebilmeli, arkadaşlarımla selamlaşabilmeliyim. Bunu yapamayacağımı anlıyorum" dedi. Ve Bayar'ı, Meclis'in açılış konuşmasını hazırlamakla görevlendirdi. Bu yıl Atatürk'ün nutkunu Bayar okuyacaktı.

21 EYLÜL 1938
"Çekip gidelim ormanlara...

21 Eylül günü Dr. Mim Öke Atatürk'ün karnından ikinci kez su aldı. Bu kez 12 litre su çıktı. Bu operasyon O'nun için asıl öldürücü darbeydi.

Doktorları yeniden 4 gün kesin istirahat verdiler. Bu süre içinde yanına kimse alınmayacaktı. O günleri Yaveri Salih Bozok'un tuttuğu günlükten izleyelim:

24 Eylül:

Muhafız Alayı Kumandanı İsmail Hakkı Tekçe'den nöbeti teslim aldım. Saat gecenin dört buçuğu. Atatürk, yan odada sükunetle uyuyor. Geceyarısı alınmış hararetini önümdeki cetvelden okuyorum: Harareti: 36.8. Nabız: 84. Doktorların verdiği 4 günlük mutlak istirahat yarın bitiyor. Dört gündür arkadaşlarla münavebe suretiyle beklediğimiz nöbet de yarın nihayete erecek.

25-26 Eylül:

Saat tam 5. Atatürk uyuyor. Dünden beri iştahı ve neşesi yerinde. Dün akşam beni yanına çağırdı ve artık kendisini beklemeye hacet kalmadığını söyleyerek nöbet usulünün kaldırılmasını emretti. Fakat doktorların tavsiyelerini yerine getirmiş olmak için bir akşam daha nöbet bekledik. Yarın öğleden itibaren nöbet kalkıyor. İnşallah ilerde buna hacet kalmayacak.

27 Eylül:

Bu sabah 7'de evimde uykudan uyandım. Banyoda bulunduğum sırada telefon çaldı. Atatürk geceyi biraz rahatsız geçirmiş. Hemen Saray'a koştum. Meğer dün Atatürk dört günlük mutlak istirahatten sonra Makbule, Afet ve Sabiha Gökçen'in ziyaretlerini kabul etmiş, kendileri ile uzun uzun görüşmüş, sonra da radyoda İbrahim Necmi'nin dil hakkında verdiği konferansı dinlediği için fazlaca yorulmuş. Ve geceyarısı birden rahatsızlanmış. Doktor, nöbet usulüne yeniden başvurmuş. Nöbeti devraldım. Bu sırada Atatürk odasında uyuyordu. Salonun denize nazır penceresi önüne oturdum. Sancaklarla donatılmış kotraları, motorları seyrediyordum. Çok acı şeyler düşünüyordum ki Atatürk çağırdı. İçeri girdiğim zaman yatağının içinde sigara içiyordu. Beni görünce gayet kesik ve güçlükle işitilen bir sesle;

'Salih' dedi, 'dün akşam büyük bir sıkıntı geçirdim. Çok fena idim. Kustum. Hafızam tamamen kaybolmuştu'.

Bunları söylerken dikkatli dikkatli yüzüme bakıyordu. Gözlerini biraz daha açarak ilave etti:

'Sanırım yediğim nohutlu yemek dokundu'.

Ben kendisini teselli için tekrar ettim: 'Evet, muhakkak nohutlu yemek dokunmuştur. Madem ki çıkardınız, inşallah rahat edersiniz'.

Karyolanın yanındaki sandalyeyi göstererek 'Şuraya otur' dedi. Oturdum. Atatürk tekrar söze başladı:

'Şimdi yine rüya görüyordum. Bana bir çift kundura getirmişler. Beğenemedim. Binbir'i çağırdım. Böyle "Binbir..!" diye çağırırken odaya Rıdvan girdi. Bunun üzerine uyandım. Rüya gördüğümü anladım'.

Sonra başını sallayarak sözüne devam etti:

'Çok dermansızım Salih, büsbütün başka bir adam oldum. Şu ellerimin haline bak'.

Bana uzattığı o güzel eller şimdi deri ile kemikten ibaretti. Parmakları o kadar titriyordu ki, sigarayı tutamayarak yorganın üzerine düşürdü. Hemen alıp attım. O hâlâ kesik kesik tekrar ediyor-

du: 'Ben büsbütün başka bir adam oldum. Hiç hafızam kalmadı. Değiştim Salih... Artık o eski adam değilim...'

O gece koma gecesiydi.

Atatürk'ü yatırdılar. Sayıklamaya başladı. Yaverleri, yakınları başucunda endişeyle beklemeye başladılar. Salih Bozok, bir yandan ağlıyor, bir yandan da "Allah'ım ya Atatürk'ü kurtar, ya benim canımı al" diye dua ediyordu. Az sonra doktoru Neşet Ömer Bey yetişti. Hastayı muayene etti. Kendisinde hazımsızlıktan kaynaklanan hafif bir zehirlenme olduğunu saptadı. İlaçlar verdi. Atatürk hafif ateşle uykuya daldı.

Ertesi sabah gözlerini açtığında başucunda Afet İnan vardı:

"Bana ne oldu? Bana bir şey oldu" dedi.

Sonra da Afet İnan'ın kulağına gizlice fısıldadı:

"Ölüm demek böyle olacak kızım..."

Odasında yatağının tam karşısındaki duvarda o zaman Moskova'da Büyükelçi olan Zekai Apaydın'ın Rusya'dan gönderdiği bir tablo asılıydı. Tabloda kır çiçekleri ile bezeli yemyeşil bir yamaç alabildiğine uzanıyor, bu yamacı çiçek açmış meyve ağaçları süslüyor, arka planda ise nefis bir göl ve heybetli, karlı dağlar manzarayı tamamlıyordu. Tablonun adı "4 mevsim"di. Atatürk, sıkıntılı, ateşli koma gecelerinin sabahında gözlerini açtığında bu tabloyla karşılaşır, bu tabloya bakınca memleketin 4 köşesini görebildiğini söylerdi.

Bazen, sıkıntısının iyice arttığı anlarda bu tabloya dalıp gidiyordu. Böyle gecelerde savaşlar, devrimler, isyanlarla geçmiş ömrüne inat, alıp başını gitme özlemiyle yanıyordu. Her şeyden çekilip, engin bir ormanın sonsuzluğunda huzur bulma hayali, düşlerini süslüyordu. Bazen Rumeli yaylalarını, bazen camından görünen "karşı yaka"yı, Anadolu'yu özlüyordu. Yanına Afet İnan'ı alıp, gözlerini tabloya dikince dudaklarından şu sözcükler dökülüyordu:

"Gidelim Afet... Bir orman kenarına gidelim. Her şeyi bırakalım. Şöyle basit bir ev, ocaklı bir oda... evet.. evet.. Hemen çekip gidelim ormanlara... Hele ben bir iyi olayım da..."

Ata'nın bu arzusu Eylül sonlarında o kadar arttı ki, sonunda yanındakiler belki de "son arzu"su olacak bu küçük isteği karşılama telaşına girdiler. Afet İnan'ın babası ormancıydı. O çocukluğunun geçtiği Sundiken ormanlarını tavsiye etti. Doktorlar, İstanbul'a daha yakın bir yerin, örneğin Alemdağ'ın daha uygun olduğunu söylediler. Orada Sultan Abdülaziz'in biraz harapca bir av köşkü vardı. Hemen tamir edilebilir ve Atatürk için hazırlanabilirdi. Derhal Doktor Nihat Reşat Belger bu işle görevlendirildi. Atatürk Belger'e, "Doktor" dedi, "anlaşılıyor ki ben bundan sonra biraz Yalova'da, bir müddet Florya'da, bir müddet de Ankara'da böyle dikkatli tedavi ile yaşayacağım. Fakat sen şu Alemdağ'a bir git bak bakalım. Oranın havası suyu meşhurdur. İklim şartları bakımından ikamete elverişli bir yer seçin. Sıhhatim için bir müddet orada yaşarım".

Belger, hastasının ömrünün bu taşınmaya yetmeyeceğini biliyordu. Ama bunu o an söyleyemedi. Yanına Genel Sekreter Soyak'ı ve İstanbul Vali ve Belediye Reisi Muhittin Üstündağ'ı da alarak Alemdağ'a gitti. Sultan Aziz'in köşkü pek iyi durumda değildi ama yeri harikaydı. Etrafını çeviren çam ağaçları Köşk'ü kuzey rüzgarlarından koruyordu. Güneş içinde pırıl pırıldı.

Akşam, yemekten sonra Atatürk, Dr. Belger'i çağırttı. Belger Ata'yı bu taşınma fikrinden nasıl vazgeçireceğini düşünüyordu ki Atatürk hemen Alemdağ'daki Köşk'ü sordu. Anlattılar. Haritayı getirterek Köşk'ün yerini inceledi. "Münasiptir" dedi. Ama binanın bakıma muhtaç olduğunu öğrenince üzüldü. Belki o kadar yaşayamayacağını artık kendisi de tahmin ediyordu. Sonunda "Hele şimdilik dursun bakalım" dedi, "ilerde tekrar görüşür, bir karar veririz".

Bir daha o konu hiç açılmadı...

Dışarı çıktıklarında Doktor Belger, kendisinden bir umut kırıntısı bekleyen Kılıç Ali ve Salih Bozok'a şunları söylüyordu:

"Hastalık süratle ilerliyor. İkinci defa su almadan önce, hayatının hiç olmazsa bir-iki sene idamesine imkan bulunacağı ümidinde idik. Fakat bugün, kurtulması için ancak yüzde 3 ihtimal vardır. Bu hastalıkta, Atatürk'ün öbür işlerindeki gibi talihi yardım etmemiştir. Su alalı 7 gün olduğu halde karnında tekrar 7 kilo su toplandı. Karaciğer artık vazifesini yapmıyor. Zehirlenme başlamıştır. Vücudundaki yağlar tamamen eridi. Vaziyet vahim ve ümitsizdir".

Bu sözleri dinleyen Kılıç Ali ve Salih Bozok büsbütün sarsıldılar. Artık içlerinde en ufak bir ümit ışığı bile kalmamıştı.

Atatürk, ölüyordu...

Ölüm ondan korktu...

EKİM 1938

"Ölüm O'ndan Korktu"

Artık kritik günlere girilmişti. Her an bir sürpriz bekleniyordu. Bu yüzden Ata'nın her hareketi izleniyor, ateşi, nabzı sürekli ölçülüp, kaydediliyor, kapısında nöbet tutuluyor, yakınları başucundan ayrılmıyorlardı.

Ekim'e girilirken Atatürk, hâlâ ilk hafif komanın etkisindeydi. Derin uykular uyuyor, sabahları bitkin uyanıyordu. Artık gece inlemelerini, sayıklamaları, hafıza kayıplarını kendisine söylemiyorlardı.

Yine bir sabah, derin bir uykunun ardından gözlerini açıp karşısında Celal Bayar'ı görünce şaşırdı:

"Sen Cuma günü gelecektin? Neden daha evvel geldin? Benim sıhhatimde üzülecek bir şey mi var' diye sordu.

Kendisinden bir şeyler saklandığından endişe ediyordu.

Bayar üzgün ve şaşkındı. Yıllardır tanıdığı Atatürk'ü o gün ilk kez traşsız, "beyaz sakalları fırça gibi uzamış" halde görüyordu.

"Vahim bir şey değil" dedi, "fakat uykunuz her vakitten 4-5 saat fazla sürdü de merak ettik. Doktorlar uykunuzda bir gayri tabiilik gördüklerini söylediler".

"Neymiş uykumdaki gayri tabiilik"?

"Derin ve fazla miktarda uyumuşsunuz".

"Kaç saat uyumuşum?"

"12 saat kadar uyumuşsunuz".

Ata, bunun üzerine üzgün bir edayla;

"Doktorlar bana doğruyu söylemiyorlar" diye yakındı.

Artık çok sıkı kontrol altındaydı. 1 Ekim'den itibaren yapılan her tedavi bir deftere kaydedilmeye başlandı. O defterdeki kayıtlara göre Atatürk'ün o haftaki programı şöyleydi:

1 Ekim Cumartesi:

İhtiyaç duydukça gliserinli lavman yapıldı. Buz yutturuldu. Ağızdan elma suyu, çilek suyu ve çay verildi.

2 Ekim Pazar:

Bazı yatıştırıcı ilaçlara gerek duyularak verildi.

4 Ekim Salı:

Saat 3.00'te bir fincan çay içirildi. Saat 5.30'da uykusundan hafif bir üşüme ile uyandı. Çeşitli aralarla meyve suları içti. Yakınlarından bazı bayanlar da 40 dakika kadar yanında kaldılar.

5 Ekim Çarşamba:

İdrarda ürobilin ve ürobilinogen artmaya başladı.

11 Ekim Salı:

Dr. Neşet Ömer İrdelp, Atatürk'ü 30 dakika muayene etti. Bugünden başlayarak hergün lavmana gerek görüldü ve yapıldı. Afet Hanım 10 dakika, Sabiha Gökçen 5 dakika, Fethi Okyar ile Salih Bozok 45 dakika süre ile ziyarette bulundular.

Nihayet 13 Ekim Perşembe günü yeni bir karından su alma operasyonu kapıya dayandı. Doktorları toplu olarak muayene ettiler ve ponksiyona karar verdiler.

Ancak bu operasyon da doktorların tartışmasına sahne oldu. Suyu alacak olan cerrah, M. Kemal Öke'ydi. Tartışma anestezi meselesinden çıktı. Dr. İrdelp, tedavi eden hekim olarak karaciğer yetersizliğinden ötürü hastanın herhangi bir zehirli maddeye dayanamayacağı görüşündeydi. Bu yüzden lokal anestezi yapılmadan az miktarda su alınmasını savunuyordu. Prof. Dr. Mim Kemal Öke ise vaktiyle Atatürk'e başka cerrahi müdahaleler de yaptığını söylüyor, O'nun ağrıya karşı çok duyarlı olduğunu hatırlatıyor ve lokal anestezide ısrar ediyordu. Öke, "Deri ve deri altını çok ince bir iğne ile uyuşturursak hiçbir sakıncası olmaz, suyu da çok rahat alırız" diyordu. Sonunda bu görüşe Fissenger de katıldı. Ve lokal anestezi fikri benimsendi.

Bu tartışmaların sonunda Atatürk'e herkese kullanılan kalın iğne yerine daha ince bir iğneyle şırınga yapıldı ve karnından 10,5 litre kadar su alındı.

Çekilen su şişelere boşaltıldıkça Atatürk;

"Bu kadar su aşağı yukarı bir gaz tenekesi doldurur. Bu, karın içinde taşınabilir mi? diye soruyordu.

Operasyon sırasında Dr. İrdelp ve Dr. Belger de nabız ve tansiyonu kontrol altında tutuyorlardı.

Nihayet operasyon bitince Atatürk derin bir soluk aldı ve;

"Ohhh.. çok rahat ettim" dedi, "Şimdi bana bir sigarayla bir kahve verin".

İşte sağlıklı döneminin bir eski adetine göz kırpıyordu. Yaşamla ölüm arasında bir dirhem mutluluk, bir küçük ağız tadı...

Sigara ve kahve getirildi. Ata, bu iki eski dosta, hasretle sarıldı, keyifle içti.

Sonra kendisine yapılan iğneyi görmek istedi. Bunun üzerine Mim Kemal Öke, ponksiyon iğnesinden daha ince bir iğne gösterdi. İğneyi görünce;

"Aman, bu kazma anestezisiz nasıl batırılırdı? Birkaç defa anestezi yapılmadan bu yapılamazdı. Fakat bir daha icap ederse rica ederim daha incesini seçelim" dedi.

Bu operasyondan sonraki bir iki gün Atatürk rahat etti ve geceleri sakin uyudu. Ama ardından ilk ağır koma geldi.

16 Ekim Pazar günü öğleden sonra Genel Sekreteri Hasan Rıza Soyak Saray'a geldiğinde tablo şöyleydi:

HASAN RIZA SOYAK
GENEL SEKRETERİ

"Hususi dairesine girdiğimde Prof İrdelp ile Operatör Mim Kemal Öke koridorda birtakım ilaçlar hazırlamakla meşguldüler. Kendisi yatağının içinde oturmuş, şiddetli bir bulantı ile mütemadiyen öğürmekte, ağzından pek az miktarda sarı bir mayi çıkarmakta idi. Doktorlar kendisine bir enjeksiyon yapmakla beraber, küçük buz parçaları da yutturmaya başladılar. Biraz sonra öğürtü kesilmişti. 'Beni kaldırınız' dedi. Halbuki tam aksine "Yatırınız' demek istiyordu. Yatırdık. Ben, başucuna sokularak, 'Buz iyi geldi mi efendim' diye sordum; 'Evet' cevabını verdi ve akabinde kendisini kaybetti.

"Vücudunda birtakım asabi araz belirmişti: Sık sık başını iki tarafa çeviriyor, mütemadiyen ve 'aman' kelimesini uzatarak, 'aman dil, aman' diye söylenip duruyordu. Acaba bu sözleriyle neyi kastediyordu? Dilinden bir sıkıntı çekiyordu da onu mu ifade etmek istiyordu; yoksa şuuru altındaki dil meselesinden mi bahsediyordu; bunu ne doktorlar ne de biz bir türlü anlayamadık".

Birkaç hafta önce Dil Bayramı kutlanmıştı ve Atatürk son yıllarını vakfettiği bu konuya yine yakın ilgi göstermiş, hatta bir geceyarısı Dolmabahçe Sarayı'nda kalmakta olan Türk Dil Tarih Kurumu üyesi Prof. Dr. Hasan Reşit Tankut'u çağırtarak ona;

"Arkadaşlara söyle, sakın dil çalışmalarını gevşetmesinler" demişti.

İşte o yüzden Atatürk'ün, "Aman dil...aman dil..." diye sayıklaması yakın çevresinde bilinç altındaki dil sorununa atfediliyordu. Bu sözcükler, koma süresince Atatürk'ün dilinden düşmedi. Nadiren gözlerini açıp kapatıyor, bu arada da sık sık "dil efendim dil... Aman yarabbi... aman dil..." diye sayıklıyordu.

Durum ağırlaşınca hemen yetkililer alarma geçirildi. Dışişleri Bakanı Dr. Tevfik Rüştü Aras bir konsültasyon yapılmasını önerdi. Hemen doktorları Saray'a çağrıldılar. Önce Dr. Neşet Ömer İrdelp, meslektaşlarına hastanın geceyi sıkıntılı ve uykusuz geçirdiğini, bazen hiddet ve şiddet gösterdiğini anlattı. "Sabah yatağından def'i hacet için oturağa indiğinde arkaya doğru yatak tarafına düştü. Lakin kendinde değildi. Günü çırpınmayla geçirdi. Birkaç kez kustu. Nihayet akşam 18.50'de tamamen kendinden geçti" dedi.

Daha sonra doktorlar konsültasyon için hastanın odasına girdiler. Atatürk yatağında kendini bilmeden yatıyordu. Sürekli olarak sağ bacağını çekiyor, kollarını oynatıyor, başının konumunu değiştiriyordu. Gözleri açık, ama bakışları manasızdı. Dili kuru ve kırmızıydı. Karnındaki asit çoğalmış, karın damarları genişlemişti. Asit göğüs altına kadar çıkıyordu. Söylenen şeyleri yapamayacak durumdaydı.

Bu, tam bir koma haliydi.

Vaziyet ciddiydi. Ertesi sabah da Atatürk komadan çıkamayınca Hükümet, artık milleti Büyük Şef'in durumundan haberdar etmeyi kararlaştırdı ve ilk olarak 17 Ekim günü Anadolu Ajansı aracılığıyla şu bildiri yayınlandı:

"Riyaset-i Cumhur Umumi Katipliği'nden...

1- Reisicumhur Atatürk'ün sıhhi vaziyeti hakkında müdavi tabipleri tarafından bugün verilen rapor ikinci maddededir.

2- Reisicumhur Atatürk'ün düçar olduğu karaciğer hastalığı normal seyrini takip ederken 16 Birinciteşrin 1938 tarihine tesadüf eden Pazar günü birdenbire aşağıdaki arazı göstermiştir:

a) Saat 14.30'dan 22.00'ye kadar gittikçe artarak devam eden umumi zaaf ile birlikte hazmı ve asabi araz. Bu saate kadar nabız, dakikada 116 ve teneffüs 22 ve hararet derecesi 36,5 idi.

b) Saat 22.00'den bu sabah saat 10.00'a kadar yukarıda ismi geçen araz kısmen hafiflemiş ve nabız dakikada 104 ve teneffüs 20 ve hararet derecesi 37 olmuştur.

c) Yapılan muayene ve müşavere neticesinde tesbit ve tatbik edilen müdavattan sonra umumi ahvalde hafif bir salah görülmekle beraber vaziyet ciddiyetini muhafaza etmektedir.

3- Müteakip sıhhi vaziyet raporları neşredilecektir.

Müdavi ve müşavir tabiplerin imzaları..."

Bu bildiri ile ülke ayağa kalktı. Endişe içinde radyo başına koşanlar, dinledikleri sözlerden durumun vahametini ve önderin ölüm anının gelip çattığını sezinlediler. Ülkenin üstüne adeta bir ölü toprağı serpildi. Bütün Türkiye nefesini tutup, değerli hastanın iyiliği için çaresizce dua etmeye başladı. Herkes günü radyo başında yeni bir bildiri bekleyerek tüketti.

Beklenen yeni haber, akşam yayınlanan ikinci bildiriyle geldi:

"Riyaset-i Cumhur Umumi Katipliği'nden...
"Bugün, dün akşama nisbetle daha iyi geçmiştir. Asabi arazlarda bir değişiklik yoktur. Nabız muntazam ve 116, teneffüs 20, hararet derecesi 37'dir".

Atatürk komadayken başucunda doktorların tedavi kavgası sürüyordu. Prof. Dr. Akil Muhtar Özden'in naklettiğine göre son kavga şöyle gelişti:

Ata koma halinde uyurken gece İzmir'den bir telgraf geldi. Oradaki bir doktor komaya karşı bir tedavi yöntemi öneriyordu. Hastanın burnundan bir sonda geçirilerek mideye girilecek ve sonra da bu yoldan 24 saat damla damla serum verilecekti.

Dr. Özden bu yol üzerine kafa yorarken, Doktor Neşet Ömer Bey, Mehmet Kamil Bey ve Nihat Reşat Bey, bu yöntemi benimseyip, uygulama hazırlıklarına girişmişlerdi. Bu arada Akil Muhtar Özden'e görüşü soruldu. Özden "bu yöntemi Atatürk vak'ası için uygun görmediğini" söyledi. Bu uygulamanın asiti çoğaltacağını öne sürdü. Bu yanıt üzerine Neşet Ömer Bey birden kızarak;

"Böyle medrese tartışmaları yapmakta mana yoktur" diye çıkıştı. Bunun üzerine Akil Muhtar Özden de hiddetlendi ve bunun teknik bir görüş olduğunu, lüzumsuz sözler söylenmemesini ve ertesi gün bu konuda yazılmış makaleler getirebileceğini söyledi.

Tartışma büyüyünce Fissenger'nin aranması ve görüş sorulması kararlaştırıldı. Gece 23.15'te Fissenger arandı, tavsiyeleri soruldu.

Doktorları tartışadursunlar Atatürk ağır komadaydı.

16 Ekim günü girdiği koma hali tam 4 gün 4 gece sürdü. Artık bütün ülke ayaktaydı. Başbakan Bayar ve bütün bakanlar Dolmabahçe Sarayı'nda toplanmışlardı. Mareşal Fevzi Çakmak da alelacele çağrılmış ve koşup gelmişti. Herkes korkunç finali bekliyordu.

Ama korkulan olmadı. 4. gün Ata'nın durumunda nisbi bir iyileşme gözlendi. 19 Ekim Çarşamba günü, yatmakta olduğu büyük karyola, çarşaflarıyla birlikte, küçük bir karyolayla değiştirildi. Aynı gün öğleden sonra kendisinden istenen bazı hareketleri yapabildiği görüldü. Dilini göstermesi istenince dilini gösterdi. Mucizeydi. Bir doktorunun deyişiyle "ölüm, ondan korkmuştu".

O akşam kamuoyuna şu açıklama yapıldı:

"Asabi arazlarda hafif, fakat aşikar bir iyilik vardır. Umumi hal daha iyi; nabız muntazam..."

Nihayet 21 Ekim sabahı kızkardeşi Makbule Hanım başucunda kur'an okurken Atatürk, bir pencerenin rüzgardan gürültüyle kapanması sonucu gözlerini açtı. Karşısında başsofracısı İbrahim Ergüven'i gördü:

"İbrahim sen burada mısın? Bu yatağı ne zaman değiştirdiniz? diye sordu.

Odada bir sevinç dalgası gezindi. Ergüven, bazı durumlardan dolayı yatağı sık sık değiştirdiklerini söyledi. Bu değiştirme sırasında battaniyeyle taşınırken, yatağın üzerine çıkılması sonucu karyolanın kırıldığını ve bunun üzerine bu küçük karyolayla değiştirildiğini anlattı.

Atatürk bunları dinledikten sonra;

"Ben kaç saat uyudum? Saat kaç? Gazeteler geldi mi" diye sordu.

Doktoru Neşet Ömer Bey, bir gün kadar uyuduğunu söyledi. Bu da doktorlar arasında tartışma konusu olmuştu. Kimi doktorlar hastanın moralinin bozulmaması için yalan söylemeyi savunurlarken, kimileri de her ne olursa olsun işin aslının saklanmaması gerektiği görüşündeydiler. Sonunda "yalan"cılar baskın çıktı ve Atatürk'ten bir haftaya yakın zamandır komada olduğu gizlendi.

Bu konuşmalar sırasında koşup içeri giren Mim Kemal Öke'yi görünce Ata, kuşkulandı:

"Kemal Bey niçin burada? Burada mı yatıyor?" diye sordu.

"Vapuru kaçırmış da ondan" diye yanıtladılar.

Atatürk yeniden uykuya daldı. Akşam şu bildiri yayınlandı:

"Bugünü çok iyi geçirdiler. Umumi ahvaldeki iyilik devam etmektedir".

Ertesi sabah normal vaktinde ve hiçbir şey olmamış gibi uyandı. Yanına ilk giren, Genel Sekreteri Hasan Rıza Soyak oldu. Atatürk;

"Gel bakalım" dedi, "Biz gittik geldik. Bu doktorlar adeta insana can veriyorlar".

Sonra da sorguya başladı:

"Bana ne oldu?" Önceden bu soruya karşı standart bir yanıt, daha doğrusu tek tip bir yalan hazırlanmıştı:

"Biraz fazlaca ve derince uyudunuz efendim".

"Ya bu karyola niye değiştirilmiş?"

"Temizlik yapmak lazımdı, aynı zamanda bir değişiklik olur diye de düşündük".

Atatürk bu kısa ve kaçamak yanıtlardan neler olup bittiğini tahmin etmişti. Genel Sekreterini bu sıkıntıdan kurtarmak için;

"Ne ise..." dedi, "..gerisini sormayacağım".

Gerisini herkes gizledi, ama "büyük sır"rı, küçük Ülkü ele verdi. Ata'nın yanına girince, bütün tembihlere rağmen gözyaşlarını koyuverdi. Her şeyi, bu küçük gözyaşları anlatmış oldu.

29 EKİM 1938

Bayram ve Gözyaşları

Atatürk komadan çıksa da, "Ölüyor" haberi bir anda Türkiye'yi yasa boğmuş, dünyanın da gözünü Dolmabahçe Sarayı'na çevirmişti. Zaten, aylardır Saray'da bir şeyler olduğundan kuşkulanan Avrupa basını resmi açıklamaların ardından bütün projektörlerini Atatürk'e yöneltti. Özellikle Fransız ve İngiliz basını, adeta ölmüşcesine O'nun geride bıraktığı eseri öven yazılar yayınlıyor, bir yandan da halefinin kim olacağı konusunda spekülasyonlara yer veriyordu.

İşte 17 Ekim'de L'Epoque gazetesinde yayınlanan bir makale:

"Çağımızın en güçlü ve en olağanüstü adamlarından biri olan Kemal Atatürk (..) ıstıraplı bir karaciğer hastalığından rahatsız. Etrafında hiçbir gürültüye, hiçbir harekete tahammül edemediği belirtiliyor. Bunlar doğruysa, bütün hayatı hareketle geçmiş bir aksiyon adamı için bu ne garip, ne ağır mukadderattır. Ve Kemal Atatürk daha 60'ında yok...

"Kemal Atatürk şahane bir umursamazlıkla kendi hayatını yedi bitirdi. Dansı, alkolü ve gece hayatını sever. Ama bu eğlence zevki, O'nun muazzam bir eseri gerçekleştirmesine, fevkalade bir devrimi başarıya ulaştırmasına ve başarısı saygı uyandıran bir millet yaratmasına engel olmadı".

Avrupa, O'nun hareketsizliğini konuşadursun, O, Saray'daki odasında Meclis'te yapılacak yeni dönem açış konuşması üzerinde çalışmaktaydı. Komadan çıkalı henüz birkaç gün olmuştu. Ve şimdi karşısına Başvekil Celal Bayar'ı oturtmuş, hiçbir şeyi yokmuş gibi nutuk üzerinde çalışıyordu.

Bayar'ın naklettiğine göre yatakta hafif bir meyille oturuyordu. Sırtına yastıklarla destek yapılmıştı. İnce yorganını göğsüne kadar çekmiş, Bayar'ı da iskemlesi, yatağa değecek kadar yakınına çağırmıştı. Başbakanından, kendisi adına yapacağı konuşmayı okumasını istedi. Bayar, uzun konuşmanın naklinin O'nu yoracağını düşünerek 5-6 dakikalık bir özet yaptı. Atatürk, bunu sakin sakin dinledi. Bitince;

"Okumayacak mısın" diye sordu. Bayar, bu kez hızla, baştan okumaya başladı. Bitince Atatürk yeniden müdahale etti:

"Nutka bir başlangıç, bir de final lazım. O ne olacak?"

İlk ve son cümleler O'nun için çok önemliydi. Bayar, telaşla, "hemen yazıp getirelim" diyecek oldu. Ama Atatürk O'nu durdurdu:

"Lüzum yok. Burada yaparız".

Ve Bayar kalemini, kağıdını hazırladı. Atatürk, ölüm döşeğinde ağır ağır son nutkunun son cümlelerini yazdırdı:

"Büyük Kamutay'a şimdiye kadar olduğu gibi bütün işlerinde başarılar dilerim".

Kendi kurduğu Meclisine ilettiği son sözleri bunlar oldu...

Bayar, bedeni çökmüş ama bilinci dimdik bu "mucize adam"ın küçülmüş, incelmiş elini öptü, izin isteyerek kalktı. Uzaklaşırken Atatürk, "Arkadaşlara benim selam ve muhabbetlerimi söylemeyi unutma" diye seslendi ardından...

5 dakika olarak planlanan görüşme tam 40 dakika sürmüştü ve dışarda doktorlar ateş püskürüyorlardı.

Nihayet 29 Ekim geldi. O gün Cumhuriyet'in 15. yaşgünüydü. Ankara Hipodromundaki törenler öncesinde Celal Bayar Ata'nın orduya mesajını okurken, O, Saray'da kısılıp kaldığı yatağında Salih Bozok'a durup durup, "Ah Ankara... ah Ankara'ya gidemedik..." diye yakınıyordu. Akşam olunca havai fişekler gökyüzünü aydınlatmaya ve patırtıları duyulmaya başlandı. Atatürk bu gürültüyle uyandı ve zile basıp sofracı Kamil'i çağırdı.

"Bu patırtılar nedir?" diye sordu.

Sofracı Kamil, Atatürk'ü üzmemiş olmak için;

"Gök gürlüyor Paşam" diye yanıtladı.

Atatürk, yanıtın amacını ve saflığını anlayınca dudağının kenarıyla gülümsedi ve;

"Hadi, enayi..." dedi.

Yaverleri ilgililere telefon edip, havai fişek gösterisinin durdurulmasını istediler.

O sırada hiç beklenmedik bir şey oldu. 29 Ekim törenlerinden dönen Kuleli Askeri Lisesi öğrencilerini taşıyan vapur Dolmabahçe önünden geçiyordu. Öğrenciler vapurdan, "Atamızı görmek istiyoruz" diye bağırdılar. Ardından da İstiklal Marşı'nı ve 10. Yıl Marşı'nı söylemeye başladılar. "Çıktık açık alınla/10 yılda her savaştan" dizeleri Dolmabahçe'nin hüzünlü duvarlarında çınladı.

Kılıç Ali, hemen pencereye koştu:

KILIÇ ALİ
KORUMASI

"Atatürk'ün müteessir olmaması için durmayıp, yollarına devam etmelerini elimle işaret ediyordum. Vapurdakiler, elimi sallayarak ilerlemeleri için işaret verişimi Atatürk'ün mukabelesi zannetmiş olacaklar ki 'Varol... yaşa...' sesleri göklere çıkıyor, gençlerin bu coşkun tezahüratı etrafı çınlatıyordu. Geri çekildim. Kapının önündeki paravanın arkasından Atatürk'e baktım. Yatağında doğrulmuş, oturuyordu. Talebenin yaptığı bu tezahürattan müteessir olmuş, gözleri dolmuştu".

Atatürk, gözyaşlarını daha fazla tutamadı.

Yanındakiler, son düşmanı ölümle savaşan bu kudretli adamın ilk kez o gün ağladığını gördüler.

5 Kasım Cumartesi hafif kendine gelir gibi olunca başucundaki Makbule Hanım, Afet Hanım ve Sabiha Hanım, ince, kemikli elini son kez öperek O'nunla vedalaştılar.

KASIM 1938

Son isteği: Enginar

İşte son 3 güne girilmişti.

Hastalık, artık son aşamasındaydı.

Atatürk 29 Ekim'den 7 Kasım'a kadarki 10 günü yarı uyur, yarı uyanık vaziyette geçirdi. Genelikle kendinde değildi. Uyku arasında bazı kelimeleri belli belirsiz tekrar ediyor, ayıldıkça da süt, pirinç suyu ve meyve sularından oluşan mönüsüyle karnını doyurmaya çalışıyordu.

O günlerde canı enginar yemeği istedi. Fakat o zaman İstanbul'da enginar bulunmadığından Hatay'a ısmarlandı. Enginarlar geldiğinde o ölüm döşeğinde, derin bir uykudaydı.

Yemek kısmet olmadı.

5 Kasım Cumartesi hafif kendine gelir gibi olunca başucundaki Makbule Hanım, Afet Hanım ve Sabiha Hanım, ince, kemikli elini son kez öperek O'nunla vedalaştılar.

Karnındaki su iyice artmış ve göğsüne ve kalbine baskı yapmaya başlamıştı. Bu yüzden boğulur gibi oluyor, zor nefes alıyor, ıstırabı yüzünden okunuyordu.

Sonunda 7 Kasım Pazartesi sabahı arkaüstü yatarken tükürmeye başladı. Tükürüğünde kan vardı. Hemen doktorlar geldiler. Atatürk, Nihat Reşat Belger'e;

"Doktor" dedi, "karnımdan bu suyu çekmek zamanı geldi. Çünkü bu mayi benim nefesime dokunuyor. Soluk almamı güçleştiriyor. Bunu çekip alın".

Belger "Emr-i devletinizi yarın ifa edelim" diyecek oldu. Çünkü su çekme işlemi öncesi kalbi takviye edecek önlemler almak istiyordu. Üstelik ilk iki ponksiyonu yapan Mim Kemal Öke Saray'da değildi.

Ama Atatürk de dayanacak halde değildi:

"Emrediyorum, bunu bugün çekin" dedi.

Bu, O'nun son buyruğuydu ve odadaki doktorların hiçbiri bu emre direnemedi.

HASAN RIZA SOYAK
GENEL SEKRETERİ

"Çaresiz kalan doktorlar hazırlık yapmak üzere odadan çıktıktan sonra kaşlarını çattı. Hiddetli bir sesle;

'Niçin tereddüt ediyorlar? Olacak olur' dedi.

Sonra da karnını işaret ederek;

'Bu, insuportable (dayanılmaz)dır' diye ekledi".

7 Kasım günü saat 12.20'de üçüncü ponksiyon başladı. Bu kez operasyonu Mim Kemal Öke yerine Dr. Mehmet Kamil Berk yapıyordu.

DR. NİHAT REŞAT BELGER
DOKTORU

"Atatürk su çekme esnasında suyun hepsinin çekilmesini ısrarla emrediyordu. Bizlere 'Kaç litre var? Sayın' diyordu. Sayan bendim. Ve her yarım litreyi bir sayarak '12 litre' dedim. Hakikatte 6 litre su çekmiş bulunuyorduk".

Bu operasyondan sonra Atatürk'ün ateşi hafif yükseldi. Fakat rahatlamıştı. Akşam 20.00'den geceyarısına kadar sakin uyudu.
Geceyarısı uyandı.
8 Kasım'a girilirken, kendini bilmiyordu.

8 KASIM 1938 SALI

"Aleykümesselam"

Atatürk'ün "Müşahade Defteri"nden 7 Kasım'ı 8 Kasım'a bağlayan gece:

"Geceyarısı etrafındakileri tanımıyor. Saat 2.10'da uyanıyor. Bay Rıdvan'ı çağırıyor, uyuyamadığından şikayet ediyor:

"Hayret Monşer" diyor. Bir sigara istiyor, içiyor. Daha bu bitmeden ikinci bir sigara daha istiyor. Onun da yarısını içiyor. Evvela;

"Beni gezdir" diyor, sonra;

"Beni sağ tarafıma yatır" diyor.

"Ört... ört..." diye emrediyor. Rıdvan çıkmak istiyor:

"Nereye gidiyorsun..? Off.. beni kaldır, belki bir şey olur" diyor. Yatırılıyor, uykuya dalıyor. 06.00'da uyanıyor. Süt veriliyor.

"Denizde bir motor sesi var. Bu nedir" diye soruyor ve tekrar uyuyor.

7.40'ta;

"Rıdvan..!" diye çağırıyor. Bir şey ister gibi bir jest yapıyor. Lakin istediğini ifade edemiyor. Nihayet çay istiyor. Ördek getiriliyor. O esnada:

"Beni kaldır" diye ısrar ediyor.

"Ördek var" deniyor.

"Off.. off.." diyor, bir şey söylemek istiyor. Lakin kelimeleri bulamıyor. Gözleri açık. Ama dalgın. Derece alınıyor: 36,5 deniyor. Bir şey söylemiyor. 8.20'de Bay Rıdvan giriyor. Sütlü çay getiriyor. İstemediğini anlatmak istiyor. Sözleri bulamıyor. Başka bir şey istiyor, adını bulamıyor. Birçok maddelerin ismi söyleniyor. Nihayet Poriç'te duruyor. Saat 10.00'da verileceği söyleniyor".

HASAN RIZA SOYAK
GENEL SEKRETERİ

"O gün gıda olarak saat 6.00'da altı kaşık sütlü kahve, 8.30'da beş kaşık sütlü çay, 11.00'de bir miktar yulaf unundan poriç, 13.00'te altı kaşık süt, 15.10'da biraz çorba ve 17.15'te dört kaşık elma suyu almıştı. Saat 18.35'te telefonla fenalaştığını bildirdiler. Telaşla hususi daireye koştum. Yatak odasının iç içe olan iki kapısı arasındaki boşlukta Ali Kılıç duruyordu. Odaya girdiğim zaman Atatürk yatağın ortasında oturmuş, iki elini yanlarına dayamış mütemadiyen öğürüyor ve;

'Allah kahretsin' diye söyleniyordu. Ara sıra da hizmetçilerin tuttukları tasa koyu kahverengi pıhtılaşmış kan çıkarıyordu.

"Nöbetçi doktor Abreveya ile o sırada yetişen Prof. Neşet Ömer İrdelp kendisine yine bir taraftan bazı ilaçlar enjekte etmeye, bir taraftan da buz parçaları yutturmaya başladılar. Bir aralık sağında bulunan tuvalet masası üzerindeki saate baktı; herhalde iyi göremiyordu ki bana sordu:

'Saat kaç?'

'7 efendim'.

Aynı suali bir iki defa daha tekrar etti, aynı cevabı verdim. Biraz sükunet bulunca yatağa yatırdık. Başucuna sokuldum:

'Biraz rahat ettiniz, değil mi efendim' diye sordum.

'Evet...' dedi. Arkamdan Neşet Ömer İrdelp yanaşıp rica etti:

'Dilinizi çıkarır mısınız efendim?'

Dilini ancak yarısına kadar çıkardı. Dr. İrdelp tekrar seslendi:

'Lütfen biraz daha uzatınız'.

Nafile. Artık söyleneni anlamıyordu. Dilini uzatacağı yerde tekrar tamamen çekti. Başını biraz sağa çevirerek Dr. İrdelp'e dikkatle baktı ve;

'Aleykümesselam" dedi.
Son sözü bu oldu"

8 Kasım Salı akşamı saat 19.00'da, yani üçüncü ponksiyondan tam 30 saat sonra Atatürk son sözünü söyledi ve ikinci ağır komaya girdi.

Bu komadan bir daha çıkamayacaktı.

O gece Anadolu Ajansı şu açıklamayı duyurdu:

"Bugün saat 18.30'da hastalık birdenbire normal seyrinden çıkarak şiddetlenmiş ve sıhhi vaziyetleri yeniden ciddiyet kesbetmiştir".

Artık bütün ülke O'nun son saatlerini yaşadığını biliyordu. Ama ağlamak ve dua etmekten başka kimsenin elinden bir şey gelmiyordu.

Yalnızca küçük bir grup bu tanımın dışındaydı. Onlar şimdiden küçük hayaller peşine düşmüşlerdi:

KILIÇ ALİ
KORUMASI

"Bu mübarek adamın ölümüne tekaddüm eden günlerde, gelecek günler için tatbiki düşünülen korkunç programın emareleri belirmeye, şuradan buradan sızmaya başlamıştı. Anlaşılıyordu ki O'nun ölümünü bekleyenler, henüz 58 yaşında, daha genç denebilecek çağda bulunan o büyük adam, amansız bir hastalığın pençesinden kurtulmak için mücadele eder ve ölümle karşı karşıya gelmiş vaziyette pençeleşirken, yarattığı tarihle beraber göçüp gideceğini ve ölümünün memlekete neler getirebileceğini hiç düşünmüyorlardı.

"Atatürk'ün kudreti karşısında yıllardan beri her biri bir tarafa sinerek fırsat bekleyen mürteciler, Atatürk'ün ölümü ile ve işbaşına geleceklerin yardımı ile eski şeriat devrinin tekrar doğacağını ümit ediyor ve bekliyorlardı. Felaket yaklaştıkça, hislerine, kinlerine,

şahsi menfaat hırslarına mağlup birtakım insanlar vefakarlık, insanlık hasletlerini bir tarafa bırakmışlar, sinsi sinsi, kötü kötü faaliyetlerine başlamış bulunuyorlardı. Bunlar artık bir kin ve intikam devrine yaklaşıldığını sezerek mazide güya uğradıkları zararları, kaybettikleri makamları telafi etmek ümitlerine kapılarak Atatürk'ün ölümünü neredeyse temenni ediyorlardı.

"O günlerin en dikkati çeken ve en ziyade hayrete şayan olan bir ciheti de bekledikleri meş'um ölüm hadisesinden sonra geniş bir nefes alacaklarını tahayyül edenlerin başında ve arasında maalesef Atatürk'ün nimeti ile perverde olanların dahi mevcut olmasıydı. Atatürk'ün hayatında O'nun bir sözüne, bir iltifatına, bir lütfuna mazhar olmak, bir kere davetine nail olarak bir defa sofrasına oturmak şerefi için günlerce, aylarca, bizlere rica edenlerin, şimdi hırs, kin ve garaz hisleriyle yeni iktidarın etrafında çöreklenmek üzere daha O ölmeden hazırlandıkları duyulup, işitiliyordu.

"Atatürk'ün bu son günlerinde, içimiz kan ağlayarak sarayın matem dolu havası içinde yine de yarınki vaziyetin ne olacağı farkediliyordu.

"Sanki bir çiftliğin hasılatı, çiftliğin sahibi ölünce, mirasçı tarafından bendeganına atiye olarak dağıtılıyordu. İşte Atatürk ölüm döşeğinde iken Ankara'dan akseden hava ve manzara bu derece hazin, bu mertebe elim idi".

Neyse ki, Ankara'da ihanet kadar vefanın ve sağduyunun da sesi vardı.

Atatürk'ün son komasına girdiği anlaşılınca Dr. Asım Arar, durumu telefonla Başbakan Celal Bayar'a bildirdi. Bayar, Ankara'da bulunan Arar'ı evine çağırttı. Evde Dışişleri Bakanı Tevfik Rüştü Aras da vardı. Ata'nın durumu hakkında ayrıntılı bilgi istediler. Durumun vahameti anlaşılınca geceyarısı Bakanlar Kurulu acele toplantıya çağrıldı. Çağrılılar arasında Atatürk'ün iki eski silah arkadaşı da vardı:

Mareşal Fevzi Çakmak ve eski Başbakan İsmet İnönü...

Ankara, Atatürk'ün ölüm döşeğinde eski yaralarını sarıyordu.

O geceki toplantıda eski kavgalar yerine Atatürk'ün sağlığı konuşuldu. Hazır bulunanlar, Dr. Asım Arar'ın açıklamalarını derin bir sükut içinde dinlediler. Alınacak önlemler konuşuldu ve Başbakan'ın Dr. Arar'la birlikte acilen İstanbul'a gitmesi kararlaştırıldı.

Bayar, 9 Kasım sabahı Dolmabahçe'ye geldiğinde Atatürk son 24 saate girmiş bulunuyordu.

İşte Atatürk'ün tahtının üç adayı: Bayar, Çakmak ve İnönü, Ata'nın naaşı önünde saygı duruşundalar. En sağda İnönü'nün hemen arkasında İsmet Paşa'nın küskünler grubunun bir başka ismi: Hasan Rıza Soyak...

9 KASIM 1938 ÇARŞAMBA

Son 24 saat

9 Kasım Çarşamba sabahı Atatürk'te adale kasılmalarıyla istem dışı hareketler ve inlemeler görüldü. Bunun üzerine bromürlü lavmana yapıldı. Bu hareketler azaldı. Bir ara sık sık öksürdü. Terledi. Öğle üzeri saat 11.00'den sonra 3 dakika süreyle oksijen verildi. 13.10'da bu, tekrarlandı. Bayar ve Dr. Arar Saray'a geldiklerinde karşılaştıkları manzara şuydu:

DR. ASIM ARAR
DOKTORU

"Atatürk derin bir uyku içinde idi. Nefes alma ve kan deveranı faaliyetleri muntazamdı. Etrafındaki doktorlar son tıbbi vazifelerini yapmak için feragat ve gayretle çalışıyorlar ve her çareye başvuruyorlardı. Bu doktorlar, her iki saatte bir değişmek üzere ikişer ikişer nöbet bekliyorlar ve hastalığın seyrine ait müşahadeleri ve tatbik edilen tedbirleri ve ilaçları kayıt ederek vazifelerini kendilerinden sonra nöbete girecek olan arkadaşlarına terkediyorlardı.

"Hastanın halini görünce her şeyin bitmiş olduğuna kani oldum. Yalnız bütün hayatı bitmez tükenmez mücadeleler ve Türk vatanını kurtarmak için icabında katlandığı mahrumiyetler ve heyecanlar içinde geçen ve bir seneye yakın bir zamandan beri en ağır bir hastalığın pençesinde ıstırap çeken bu büyük adamın kalbi o kadar sükun ve intizam içinde çalışıyordu ki, devam edip giden komaya rağmen artık onu alınması kabil olmayacak kötü akıbetin ne

vakit gelip çatacağını tayin etmek mümkün olamıyordu".

Akşama doğru Atatürk yeni bir komaya girdi. Gözbebekleri ışığa cevap verse de tabandan artık refleks alınamıyordu. Nefes borusundan hırıltılar işitilmeye başlandı. Başucundaki doktorlar Müşahade Defteri'ne "Agoni" diye not düştüler.

"Agoni", "can çekişme" demekti.

9 Kasım - Saat 20.00... Resmi Tebliğ:

"Bugünü yorgun ve dalgın geçirdiler. Umumi ahvaldeki ciddiyet biraz daha ilerlemiştir".

Artık tıbbın yapabileceği bir şey kalmamıştı. Dr. Akil Muhtar Özden bu resmi tebliğin yayınlandığı saatlerde Atatürk'ün başucunda O'nun ölüm döşeğinin karakalem resmini çiziyordu.

9 Kasım - Saat 24.00... Resmi Tebliğ:

"Saat 20.00'den itibaren dalgınlık artmıştır. Umumi ahval vahamete doğru seyretmektedir".

10 KASIM 1938 PERŞEMBE

"Bir tarih göçüyor"

9 Kasım'ı 10 Kasım'a bağlayan gece oldukça sıkıntılı geçti. Atatürk'e kısa aralıklarla oksijen verildi. Sabaha doğru boğazındaki hırıltılar azaldı.

Şafak doğarken Saray'ın dışında İstanbul, parlak ve güneşli bir Sonbahar sabahına hazırlanıyordu. İçerde ise, kutsal nöbettekilerin içindeki son umut ışıkları sönmek üzereydi.

Saat 8.00'de Dr. Mehmet Kamil Berk ve Dr. Nihat Reşat Belger Atatürk'e glikozlu serum verdiler.* O sırada yüzünün daha da solduğu ve birden gırtlağından "Hiii... hiii" diye sesler çıkarmaya başladığı görüldü.

Saat 9.00 olduğunda göğsü hızla inip çıkmaya başladı.

Dünyadaki son 5 dakikasına gözleri kapalı giriyordu.

Dışarda bütün bir ulus, endişe içinde radyo başında bekliyordu.

Savarona, son bir saygı duruşu için Dolmabahçe önüne demirlemişti.

İçerde Saray tam bir sessizliğe gömülmüştü.

Odada başucunda Mehmet Kamil Berk, bir elini karyolaya yaslamış, diğer elindeki ıslatılmış pamukla Atatürk'ün ağzına su vermeye çalışıyordu. Bu arada akan gözyaşları, ak bıyıklarını ıslatıyordu. Arada bir başını Operatör Mim Kemal Öke'nin omzuna da-

* Bu son serumun boş ampulü ve şırınga iğnesi halen İstanbul Tıp Fakültesi müzesinde teşhir edilmektedir.

yayıp, hıçkırıyordu. Ayakucunda üzüntüsünden sapsarı kesilmiş bir çehreyle Prof. Dr. Süreyya Hidayet Serter ile Dr. Abravaya Marmaralı taban reflekslerini kontrol ediyorlardı.

Prof. Dr. Akil Muhtar Özden kendinden geçmiş, odanın içinde telaşlı adımlarla durmadan dolaşıyor; hem ağlıyor, hem de mütemadiyen:

"Aman yarabbi...." diye mırıldanıyordu.

Muhafız Komutanı İsmail Hakkı Tekçe ve Genel Sekreteri Hasan Rıza Soyak da yatağın sol tarafında ayakta bekleşiyorlardı. Uyuşmuş, donmuş gibiydiler.

Hizmetlilerden Mehmet Mete, Rıdvan Gurari ve Rıza Tığlı ile Binbir Hanım bir kenara büzüşmüşlerdi.

Koruması Kılıç Ali ellerini kavuşturmuş, son saygı duruşundaydı:

KILIÇ ALİ
KORUMASI

"Hayatına kastedilmemesi için icabında canımızı fedaya azmetmiş olduğumuz büyük Atatürk gözümüzün önünde güpegündüz fani hayata veda edip gidiyor, herkes ellerini kavuşturmuş, büyük bir acz içinde tazimkarane bir vaziyet almış duruyor ve kimsenin elinden bir şey yapmak gelmiyordu. Aman yarabbi... Adeta dehşet içindeydik.

"Bir ara Hasan Rıza dayanamadı, büyük bir teessür içinde bana;

'Kılıç bak, koca bir tarih göçüyor' dedi.

Saat tam 9'u 5 geçiyordu."

HASAN RIZA SOYAK
GENEL SEKRETERİ

"Birdenbire gök mavisi gözleri açıldı ve sert bir hareketle başını sağa çevirdi. Ben de artık hıçkırıklarımı zaptedemedim. Diz çöktüm. Sağ elini ellerimin içine aldım. Öptüm ve yüzüme sürdüm".

Soyak'ın ardından Muhafız Komutanı İsmail Hakkı Tekçe de aynı eli öptü ve yorganın altına koydu. Bu arada Prof. Dr. Mim Kemal Öke Atatürk'ün açık gözlerini kapattı. Dr. Kamil Berk de "G.M.K." (Gazi Mustafa Kemal) markalı beyaz bir mendille çenesini bağladı.

Son nöbet defterine şöyle yazıldı:

"Saat 9'u 5 gece Büyük Şefimiz derin koma içinde terki hayat etmişlerdir".

SALİH BOZOK

YAVERİ

"Hekimler büyük ölünün odasından çıktıkları zaman yüzüm kimbilir nasıl korkunç bir hal almıştı ki operatörü Mim Kemal Bey telaşlanarak;

'Nereye gidiyorsun' diye sormaya mecbur oldu.

'Hiç' dedim, '..gidiyorum. İşim bitti artık'.

Fakat Mim Kemal Bey bırakmadı. Kolumdan tutarak aşağı kadar indirdi. Kalbim, iki değirmen taşı arasına düşmüş bir buğday tanesi olsa ancak bu kadar ezilirdi. Ne ağlayabiliyor, ne konuşabiliyor, ne de konuşulanları anlıyordum. Bir ara büsbütün kendimden geçmişim. Odadan deli gibi fırladım.

'Nereye' diye arkamdan koştular.

'Şimdi geliyorum' dedim.

Bundan sonrasını hiç, ama hiç hatırlamıyorum".

Atatürk'ün yaveri Salih Bozok, şuursuzca Saray'ın merdivenlerinden aşağı koştu. Alt katta boş bulduğu bir odaya dalıp kapıyı kapattı. Az sonra içerden tek el silah sesi duyuldu. Sesi duyup odaya koşanlar içerde O'nu kanlar içinde buldular. Tabancasından kalbine sıktığı bir kurşunla devrilmişti...

KAYNAKÇA:

Kitaplar:

Ali, Kılıç. “Atatürk’ün Son Günleri”, Sel Y. İstanbul, 1955.
Arar, Asım. “Son Günlerinde Atatürk”, Selek Y. İstanbul, 1958.
Atay, Falih Rıfkı, “Çankaya”, Bates A.Ş. İstanbul, 1984.
Aydemir, Şevket Süreyya. “Tek Adam”, Remzi Y. İstanbul, 1981.
Aydemir, Şevket Süreyya. “İkinci Adam”, Remzi Y. İstanbul, 1979.
Bozok, Salih. “Hep Atatürk’ün Yanında”, Çağdaş Y. İstanbul, 1985.
Cebesoy, Ali Fuat. “Siyasi Hatıralar”, Doğan Kardeş Y. İstanbul, 1960.
İnönü, İsmet, “Hatıralar”, Bilgi Y. İstanbul, 1987.
Kinross, Lord, “Atatürk”, Altın Kitaplar, İstanbul, 1988.
Kocatürk, Utkan. “Kaynakçalı Atatürk Günlüğü”, Türkiye İş Bankası Y. Ankara, 1988.
Kutay, Cemal. “Atatürk’ün Son Günleri”, Boğaziçi Y. İstanbul, 1981.
Leventoğlu, Mazhar. “Atatürk’ün Vasiyeti”, Bahar Matbaası, İstanbul, 1981.
Özalp, Kazım. “Atatürk’ten Anılar”, Türkiye İş Bankası Y. Ankara, 1992.
Şahingiray, Özel. “Atatürk’ün Nöbet Defteri”. Türk Tarih Kurumu Y. Ankara, 1955.
Şehsuvaroğlu, Bedi. “Atatürk’ün Sağlık Hayatı”, Hür Y. İstanbul, 1981.
Soyak, Hasan Rıza. “Atatürk’ten Hatıralar”, Yapı Kredi Bankası Y. İstanbul, 1973.

Şimşir, Bilal N. "Atatürk'ün Hastalığı", Türk Tarih Kurumu Y. Ankara, 1989.

Tepedelenlioğlu, Nizamettin Nazif, "Bilinmeyen Taraflarıyla Atatürk", Yeni Matbaa Y. İstanbul, 1959.

Ünaydın, Ruşen Eşref. "Atatürk'ün Hastalığı", Türk Tarih Kurumu Y. Ankara, 1959.

Yazı Dizileri:

Özkaya, İhsan A. "Atatürk'ün Son Hastalığı ve Ölümü", Milliyet, 10-24 Kasım 1976.

Uluğ, Raşit Hakkı. "Atatürk'ün Hastalıkları", Cumhuriyet, 10-13 Kasım 1967.

İçindekiler